TEXT+KRITIK

Heft 242
NATASCHA WODIN
April 2024

Hg. von Natalia Blum-Barth

INHALT

Natalia Blum-Barth

»[G]efangen in der Unvereinbarkeit […] von Literatur und Leben«

Einige Bemerkungen zum Werk von Natascha Wodin

»Ich bin aussichtslos gefangen in der Unvereinbarkeit von Traum und Wirklichkeit, von Literatur und Leben«,[1] lautet das vollständige Zitat im obigen Titel. Unwillkürlich denkt man an die mit dem Leben nicht zu vereinbarenden Verletzungen. Um an ihnen nicht zugrunde zu gehen, versucht die Autorin der Realität zu entkommen, indem sie ihre eigene Welt mit ihren eigenen Figuren erschafft: »Ich erfand meinen Ich-Figuren eine Farbigkeit und einen Lebenswillen, den ich selbst nicht im geringsten besaß. […] ich lebte gegen die Angst wie gegen ein Naturgesetz, das mich erschaffen hatte, um sich an mir zu erproben. Ich lebte mich, obwohl ich unlebbar war, auf der ständigen Flucht vor etwas, das mir wie das Visier eines Scharfschützen erschien.«[2] Diese Zeilen schildern eine Metamorphose, ja ein Wunder: Das von Angst gejagte Ich, das sich permanent im Visier eines Scharfschützen fühlt, zerbricht nicht an seiner Angst und Flucht, sondern rettet sich in eine selbsterschaffene Welt der Literatur. Es ist kein Eskapismus. Literatur bietet keine Zuflucht. Literatur wird zu einem Schlachtfeld, auf dem die Autorin in ihren erfundenen Figuren ihre Angst und ihre Unlebbarkeit auslebt.

Natascha Wodins Figuren sind nicht überzeichnet. Es sind Außenseiterexistenzen, die sich an der Grenze des Zumutbaren befinden, in extremen Situationen, aus denen es keinen Ausweg zu geben scheint. Diese Ausweglosigkeit, Verzweiflung, Krankheit, Abhängigkeit, Gewalt lässt die Autorin ihre Figuren durchleben. Dabei tun sich abstoßende, ja abscheuliche Abgründe auf, denen diese »geschuppten Herzen«[3] ausgeliefert waren. Selbst »der freiwillige Untergang« wird ihnen nicht erlaubt, »sogar dieses letzten Einsamkeitsrechts«[4] werden sie beraubt.

Wie ein Chirurg mit Skalpell legt die Autorin unter den Schichten des erlebten Leids die lebensbedrohlichen Geschwüre ihrer Figuren frei. Für einige von ihnen (etwa für Heiner Fuchs in »Notturno«, »Der Fluss und das Meer«, 35–78) erfolgen diese Eingriffe zu spät. Für andere, wie die Mutter, ist der Tod die einzige Erlösung: »Wie froh muss sie sein, dass es so ist, denke ich, dass sie nun nichts mehr fühlt vom Leben, das sie so furchtbar gequält hat.«[5] Für Wodins Figur der Mutter sucht man vergeblich nach Vergleichen in der Weltliteratur.

Wodins literarische Figuren kann man zwischen der Unmöglichkeit, ihr Leben zu führen, des Lebens und ihrem Lebenswillen verorten. Durch sie scheint die Autorin eine Art Selbstheilung zu betreiben, gibt es sie nicht, riskiert sie verloren zu gehen: »Ich *wollte*, daß es ihn [Sergej, ein homosexueller, aidskranker Tänzer] gibt, und vielleicht war er in mir immer schon einer gewesen, den meine Angst gesucht hatte, vielleicht war der, dem ich antwortete, jener zweite Unheilbare, den ich finden wollte, um meine Krankheit in ihm zu besiegen oder, wenn es unmöglich war, endlich verlorenzugehen.« (»Erfindung einer Liebe«, 14). Es scheinen keine erfundenen, sondern gefundene Figuren zu sein, die »immer schon« in der Autorin waren, die sie nun lokalisiert und sie zur Eigenexistenz bemächtigt. Als Schöpferin dieser Figuren entwirft die Autorin für sie ein Lebensszenario, führt Regie, unterwirft sie ihrem Diktat, überträgt ihre Traumata auf diese Figuren und lässt sie ihre eigenen Ängste durchleben. Sie nimmt ihre Schicksale in die Hand, teilt ihnen Leid und Schicksalsschläge zu, entscheidet über ihr Leben und ihren Tod. Sie gibt ihren Schmerz an ihre Figuren ab und durchlebt ihn in der Literatur, anstatt an ihm im Leben zugrunde zu gehen. Literatur befreit nicht von Ängsten und heilt nicht von Traumatisierung. Ganz im Gegenteil: Sie multipliziert diese Ängste und intensiviert die Traumatisierung. Literatur lässt sie durchleben, immer wieder, in jeder Figur aufs Neue. Schreiben verhindert das Sterben: »ich schrieb, weil ich nicht leben konnte, ich schrieb, um mich festzuhalten, ich schrieb aus Angst, aus Notwehr, aus Verzweiflung [...]« (»Nachtgeschwister«, 190), »das Schreiben war mein ständiger Selbstrettungsversuch« (»Der Fluss und das Meer«, 160).

Das Schreiben ist kein Befreiungsakt, es hat keine kathartische Wirkung und bringt keine Erleichterung. Vielmehr scheint das Schreiben für Natascha Wodin einen Kampf mit sich selbst zu bedeuten: »Der Zweifel war der tyrannische Herrscher über jeden meiner Sätze, ich war dem Zweifel verfallen, der sich seine zweite Wortsilbe mit dem Teufel teilte. Vielleicht schrieb ich überhaupt nur deshalb, weil ich irgendwann auf diesen Dämon in mir gestoßen war, und seitdem kämpfte ich mit ihm.« (»Nachtgeschwister«, 191) Der schöpferische Akt des literarischen Schreibens wird als qualvolle Herausforderung und tödlicher Sog dargestellt, die Autorin empfindet »das Schreiben mehr und mehr als Verdammnis, als Krankheit, als Kapitulation vor dem Leben« (»Nachtgeschwister«, 190).

Eine besondere Bedeutung kommt dabei der Sprache, dem Werkzeug jedes Dichters zu. »Nur eine Sprache lieh ich mir, / ein fremdes Zeichen an der Schläfe, / das mich verwandelt mit dem Licht, / dem weißen, unbewohnten Licht, / aufs Rad der Welt geflochten.« (»Sprachverlies«, 38) Diese geliehene Sprache ist »ein wundes Leuchten auf der Zunge« (ebd.), das Einzige, was dem lyrischen Ich – ohne Vaterland und Kindheit – das Leben im Wort ermöglicht. Das Licht fungiert als Metapher für das Leben im Wort, in der Sprache, im Schreiben. Zusammen mit dem Licht und dem Leuchten werden auch Finsternis und Dunkel zum antipodischen Leitmotiv des 1987 erschienenen Gedichtbands »Das Sprachverlies«: »Unbetretbar das Land / meines leuchtenden Dunkels, / meines sprachlosen Herzens, / wo blutgierige Vögel nisten, / betrunken von meinem Wort.« (»Sprachverlies«, 28) Dem Oxymoron ähnliche Sprachbilder wechseln sich ab und hinterlassen Beklommenheit.

Das schmale Bändchen erschüttert durch seine Sprachgewalt. Neben Metaphern sind es vor allem Neologismen und ihre wiederholte Anordnung, die die atemberaubende Sprachdichte hervorbringen: »mir schmolz das Haar unter dem Schnee, / das Birkenhaar, das Rabenhaar, / das wilde Hunnenhaar des Ostens.« (»Sprachverlies«, 8), »Nachtfaserwort«, »Sterbenswort«, »Nachtwort« (16), »Schnee aß ich / in diesem schneegeborenen Land / und trank den Schwarzfluß des Vergessens« (11), »ich treibe wasserwärts, / mit uferlosem Auge / und angstertrunknem Herz« (20), »purpurnes Schmerzleuchten / in der Dunkelheit« (31), »Schmerzmuseum / voll goldgerahmter Abstinenzen« (54) und viele mehr. Auffällig ist die Zuschreibung metaphorischer Eigenschaften an Körperorgane: »Geräusch meiner Adern«, »Schäumendes Herz« (56), »Durst meiner Zähne« (57), »das seufzende Haar« (58), als ob dadurch die Funktionalität, die Lebbarkeit des lyrischen Ichs herausgestellt werden sollte.

Ihr lyrisches Ich präsentiert die Autorin in der Gewalt der Sprache und legt ihm eine Sisyphusarbeit auf: »Voller Harz ist mein Mund, / verstopft von den Worten, / die ich nie sprach. [...] Wohin fällt meine Sprache, / das eine zu sagen: / daß nichts sagbar ist.« (29). Die Anstrengung der schöpferischen Arbeit am Wort wird in drastischen Bildern zum Ausdruck gebracht: »Noch kaue ich / an verklebten Vokabeln / und wälze sie / durch die Mundgruft« (41). Das Ringen um die Sprache wird immer wieder thematisiert: »Jetzt schläft in meinem Gehirn / ein Getier von Lauten, / in keiner Sprache gezähmt.« (56) Die hier beklagte Sprachlosigkeit kann auf den Sprachwechsel bezogen werden: »Einmal erbrach ich Kinderschreie. [...] So kalt bin ich mir / in euren Worten, / die ihr mich lehrtet« (ebd.). Das lyrische Ich scheint sich gegen die Worte zu wehren: »Bin auf der Flucht / vor euch, Worte, / laßt ab von mir.« (57)

Das sind die Anfangsverse des Gedichts, das im Grunde genommen die Absage an die russische Sprache und die Entscheidung für die deutsche Sprache als Sprache der Kreativität beinhaltet: »Hebt mich nicht auf, / ihr Redeworte, Retteworte, / bin auf der Flucht vor euch, wortab aus Babylon – / auf jenen Turm zu, / der mich ruft, / den Turm am deutschen Neckar, / wo Scardanelli mit dem König / und mit des Äthers Stille spricht.« (Ebd.) Die sonoren R-Laute im Vers »ihr Redeworte, Retteworte« stehen stellvertretend für die russische Sprache. »[W]ortab aus Babylon« flieht das lyrische Ich zum »Turm am deutschen Neckar«. Unschwer identifiziert man in den letzten Zeilen den Verweis auf Friedrich Hölderlin. Die in seinen letzten Lebensjahren entstandenen Gedichte unterzeichnete Hölderlin mit dem Namen Scardanelli.[6] Angesichts dieses Gedichts kann man Hölderlin, der mehr als 30 Jahre als Geisteskranker in Pflege und unter Aufsicht lebte, als literarischen Prototyp für Heiner Fuchs in Wodins Erzählung »Notturno« betrachten.[7]

Die Autorin folgt dem Ruf des Turms »am deutschen Neckar«. Mit ihrem Gedichtband, der vier Jahre nach dem Debütroman »Die gläserne Stadt« (1983) erschien, bekräftigt Wodin nicht nur ihre Rückkehr nach Deutschland, mit der der Roman endet, sondern auch den Entschluss: »Ich kann nicht mehr über-setzen. Das Über-setzen meiner selbst ist gescheitert.«[8] Auch wenn sie immer wieder auf Übersetzen als »Brotarbeit« (»Nachtgeschwister«, 51) zurückgreifen muss, reagiert sie »mit Vergiftungserscheinungen auf den Schund« (»Nachtgeschwister«, 128), den sie übersetzt. »Das Sprachverlies« dokumentiert ihre Suche nach ihrem Wort, »im Schmutz unter den Brücken, / wo es lag im Mund meines schäbigen Todes / und unbewacht von den steinernen Engeln.« (62)

Natascha Wodins obsessive Auseinandersetzung mit dem Tod manifestiert sich in ihren Gedichten im Motiv des Wassers (Regen, Meer, Tropfen), des Schnees, der Zeit und des Haars, wie etwa: »dein Ginsterhaar, Eirene« (»Sprachverlies«, 19). Ginster ist das Sinnbild für die Sünden des Menschen und das Symbol für das stellvertretende Leiden Christi.[9] In Verbindung mit Eirene, der griechischen Göttin des Friedens, liest man die Schlusszeile »Neue Todesarten stehen bevor« (ebd.) als nicht vermeidbare Gewissheit. Unwillkürlich denkt man dabei an die Schlussverse in Celans »Todesfuge«: »dein goldenes Haar Margarete / dein aschenes Haar Sulamith!«

Im Gedicht »Denk dir« formuliert Wodin die Mahnung, ja das Gebot, sich zu erinnern an »die Wörter«, an die Stimmen, an den Gesang, an all die Bücher, die gegen das Vergessen geschrieben wurden:

> Denk dir,
> daß wir die Wörter vergessen werden,
> schamlos betrunken
> vom Nachtschaum der Strände.
> Denk dir Gesang
> Aus den Mündern der Sterne,
> gelb von der Eifersucht
> Baudelaires und Rimbauds.
> Denk dir die Stimme
> Jenseits der Wörter,

denk dir Gesang
diesseits der Stimme. (Sprachverlies, 65)

Mit seinem vierfach wiederholten Imperativ »Denk dir« korrespondiert Wodins Gedicht mit Celans »Denk dir«[10]. Unter den Eindrücken des Sechstagekrieges vom 5. bis zum 10. Juni 1967 hat Paul Celan in diesem Gedicht seine Solidarität mit Israel zum Ausdruck gebracht. Der am 7. Oktober 2023 entfachte Krieg der Hamas gegen Israel verleiht Celans Gedicht eine neue Aktualität.[11]

Paul Celan scheint Natascha Wodin, die sich in ihren Texten immer wieder auf Autorinnen und Autoren der deutschen, russischen und der Weltliteratur beruft, nie explizit erwähnt zu haben.[12] Nichtsdestotrotz lassen sich zwischen den beiden so viele Parallelen feststellen, dass es nahe liegt, den Titel ihres Gedichtbandes »Das Sprachverlies« in die Nähe des 1959 erschienenen Gedichtbandes »Sprachgitter«[13] von Paul Celan zu rücken.

*

Die Beiträge des Heftes fokussieren das gesamte Œuvre von Natascha Wodin und bieten einen Überblick über ihr literarisches Schaffen. Neben thematischen Schwerpunkten, die unter anderem die Historizität, den Topos der verlorenen Heimat, die Ausgrenzung und den Rassismus untersuchen, enthalten sie auch Abhandlungen zu intertextuellen Bezügen, zur Übersetzung und literarischen Mehrsprachigkeit in Wodins Texten.

Der Essay von Helmut Böttiger spürt den biografischen Linien Wodins in verschiedenen Erzählsträngen ihrer Romane nach. Der Verfasser betont den souveränen Umgang der Autorin mit den Zwängen ihrer Herkunft sowie ihre Übersetzung in eine ästhetisch überzeugende Erzählhaltung. Dadurch erhalten Wodins Romane den Charakter schonungsloser Rechenschaftsberichte, in denen soziale Missstände in das tiefgründige Psychogramm der Erzählerin eingeflochten werden. Neben dem Verweis auf die deutschen und russischen Komponenten im Selbstbild der Autorin als Movens ihres Schreibens verhilft auch der Vergleich mit Annie Ernaux, der Nobelpreisträgerin für Literatur 2022, zum Verständnis des autobiografisch geprägten Werkes von Natascha Wodin.

Lucia Perrone Capano analysiert die Wege der Protagonist:innen in den Romanen »Nachtgeschwister«, »Sie kam aus Mariupol«, »In diesem Dunkel« und thematisiert ihre Bewegungen als transnationale und transkulturelle Beziehungen zwischen Ost- und Westeuropa. Dadurch veranschaulicht sie an individuellen Schicksalen einzelner Figuren ihren Existenzkampf und erläutert, wie die Erinnerungsarbeit der Autorin zu einer Form der Vergangenheitsbewältigung wird. Dabei wird deutlich, dass die Bewältigung die Aufarbeitung der Vergangenheit voraussetzt, und diese betreibt Wodin als Spuren- und Identitätssuche ihrer Protagonist:innen zeit- und raumüberschreitend.

Ausgehend von der literarisierten Liebesbeziehung mit Wolfgang Hilbig im Roman »Nachtgeschwister« fokussiert Hans-Christian Trepte das in der Forschung zu ihrem Werk vernachlässigte Thema der ostdeutschen Befindlichkeiten. In einführenden Kontextualisierungen zur Wahrnehmung der DDR-Literatur nach der Wiedervereinigung präsentiert Trepte verschiedene DDR-Reflexionen und veranschaulicht ihre einseitige und asymmetrische Rezeption im vereinten Deutschland. Vor diesem Hintergrund erlangt Wodins Roman »Nachtgeschwister« eine neue Lesart als »ein zentrales Werk einer ambivalent erscheinenden ost-westlichen Aufarbeitungsliteratur«. Eine besondere Bedeutung kommt dabei der einenden Kraft der deutschen Sprache und der trennenden, ausgrenzenden Eigenschaft des Dialekts zu, der unmissverständlich das individuelle Trauma markiert.

In meinem Beitrag wird die Aufarbeitung der geschichtlichen Ereignisse fortgesetzt. Anhand von »Sie kam aus Mariupol« widme ich mich der von Wodin thematisierten Errichtung des Bolschewismus in der heutigen Ost- und Südukraine, dem Großen Terror sowie den Hungersnöten 1921 bis 1923 und 1932 bis 1933. Der Beitrag veranschaulicht, dass die literarische Aufarbeitung dieser Ereignisse mit großer historischer Genauigkeit erfolgt. Wodin thematisiert die Opfer, dokumentiert die NKWD-Verbrechen, zeigt die Maschinerie der Gewalt und des Terrors auf, sodass ihr Roman die Funktion der Geschichtsvermittlung übernimmt. Als Auslöser für die Literarisierung historischer Ereignisse betrachte ich intertextuelle und intermediale Bezüge, die durch die Schallplatte mit der Aufnahme der Operette »Tschornomorzi« von Mykola Lysenko ausgelöst wurden.

Chrystyna Nazarkevytch, die Übersetzerin des Romans »Sie kam aus Mariupol« ins Ukrainische, charakterisiert die linguistisch-stilistischen Strukturen in Wodins Text und die damit verbundenen Herausforderungen aus translatologischer Sicht. Eingegangen wird insbesondere auf die Übersetzung mehrsprachiger Stellen sowie markierter und nicht markierter intertextueller Bezüge. Die von Chrystyna Nazarkevytch erläuterten Vorgehensweisen, beispielsweise bei Auslassungen oder Modifikationen des Originals, ermöglichen nicht nur Einblicke in die Übersetzerwerkstatt, sondern veranschaulichen eine vertiefte Beschäftigung mit stilistischen Kunstgriffen der Autorin und anderssprachigen Intertexten. Darüber hinaus werden Dynamiken der Rezeption eines literarischen Werks in einer anderen Sprache vor dem Hintergrund problematischer historischer Kontexte während des andauernden russischen Eroberungskriegs in der Ukraine angesprochen.

Der Essay von Jörg Magenau hat den Charakter eines Nachworts. Darin werden zwei für das literarische Werk Natascha Wodins zentrale Kategorien – die Fremdheit und die Grenze – und der gesellschaftliche Wandel ihres Stellenwerts beleuchtet. Fremdheit als existenzielles Gefühl ebenso wie als frühe Erfahrung einer abweisenden Gesellschaft wird zum Antrieb Wodins literarischen Schreibens. Ähnlich auch das Gefühl der Ausgrenzung und die Notwendigkeit der Grenzüberwindung, die Magenau im Verwischen der Grenzen in Wodins »Autofiktion« konstatiert.

1 Natascha Wodin: »Nachtgeschwister«, Roman, München 2011, S. 137. — **2** Natascha Wodin: »Erfindung einer Liebe«, Roman, Leipzig 1993, S. 13 f. — **3** Natascha Wodin: »Das Sprachverlies. Gedichte«, Düsseldorf 1987, S. 69. — **4** Natascha Wodin: »Der Fluss und das Meer«, Erzählungen, Hamburg 2024, S. 42. — **5** Natascha Wodin: »Sie kam aus Mariupol«, Reinbek 2017, S. 356 f. — **6** Vgl. Grete Lübbe-Grothues: »Grammatik und Idee in den Scardanelli-Gedichten Hölderlins«, in: »Philosophisches Jahrbuch«, 1983 (90), S. 83–109. — **7** Auf Hölderlin, und zwar auf die Schlussverse seiner Ode »An die Parzen«, geht auch der Titel von Wodins Roman »Einmal lebt ich« zurück. Vgl. Katja Suren: »Ein Engel verkleidete sich als Engel und blieb unerkannt. Rhetoriken des Kindlichen bei Natascha Wodin, Herta Müller und Aglaja Veteranyi«, Sulzbach/Ts. 2011, S. 79 f. — **8** Natascha Wodin: »Die gläserne Stadt«, Reinbek 1983, S. 319. — **9** »Ginster«, in: Christliches Lexikon, https://www.logo-buch.de/logo-aktiv/wissensbibliothek/christliches-lexikon/ginster. — **10** Paul Celan: »Die Gedichte«, neue kommentierte Gesamtausgabe in einem Band, hg. und kommentiert von Barbara Wiedemann, Berlin 2018, S. 266. — **11** Jan-Heiner Tück: »Denk dir. Paul Celans Bekenntnis zu Israel«, in: Münsteraner Forum für Theologie und Kirche, https://www.theologie-und-kirche.de/tueck-denk-dir.pdf. — **12** Allerdings bezieht sich Wodin auf den biografischen Kontext, den Freitod Celans in der Seine: »Wie hat Paul Celan sich in der Seine ertränkt, wie hat Virginia Woolf es gemacht?«, Natascha Wodin: »Einmal lebt ich«, Frankfurt/M. 1989, S. 58. — **13** Paul Celan: »Sprachgitter«, Frankfurt/M. 1959.

Helmut Böttiger

Ukrainisches Regentropfenprélude

Natascha Wodins deutsch-slawische Grenzverschiebungen

Natascha Wodin hat, wenn sie spricht, einen unverkennbaren fränkischen Einschlag. Die Klangfarbe ihrer Stimme, vor allem, wenn sie das »R« ein bisschen rollt, stammt aus der Region um das Flüsschen Regnitz, aus der Gegend nördlich von Nürnberg und Fürth, in der sie groß geworden ist. Aber gleichzeitig rührt dieses »R« noch an ganz andere Grundlagen: Es reicht bis ins Russische hinüber. Bis zum Alter von sechs Jahren hat Natascha Wodin ausschließlich auf Russisch gedacht und gesprochen, der Sprache ihrer Eltern. Zwischen dem Russischen und dem Fränkischen ist vieles möglich. Die besonderen Umstände aber, unter denen Natascha Wodin ihre Kindheit und Jugend verbracht hat, bewegen sich jenseits aller Kategorien. Sie wurde im Dezember 1945 als Tochter russisch-ukrainischer Eltern geboren, in einer verkommenen Baracke auf einem Fabrikhof an der Grenze zwischen Nürnberg und Fürth. Die Eltern waren von den Nationalsozialisten als Zwangsarbeiter nach Deutschland verschleppt worden und befanden sich nun als staatenlose »Displaced Persons« außerhalb der Zeiten und Räume.

Immer wieder taucht diese Baracke in Natascha Wodins Prosa auf, ein gespenstisches Bild mit Taschenlampen, die im notdürftig mit einem Bettlaken zugehängten Fenster aufblitzen. Und ihre Kindheit und Jugend sind durchgehend von dieser Existenz als Nichtzugehörige gezeichnet, sie verbrachte sie am äußersten Ortsrand in den »Häusern«, wie die einheimischen Deutschen in der Stadt Forchheim in verächtlicher Abwehr die Siedlung für gestrandete Fremde nannten. Hier wohnten die Heimatlosen und Unbehausten aus dem Osten, die von der deutschen Bevölkerung nie als dazugehörig akzeptiert wurden. Natascha Wodin ist in ihren Büchern immer wieder auf diese Urszenen zurückgekommen. Konsequent schien jene Zeit auf die erste große Zäsur zuzulaufen, nämlich den Selbstmord der Mutter, als die Tochter zehn Jahre alt war. Die »Häuser« am Rande der üblichen deutschen Zivilisiertheit erscheinen in den Büchern der Autorin in unterschiedlichen Zusammenhängen und Beleuchtungen, und im Lauf der Zeit wird das Traumatische, das mit ihnen in Verbindung steht, immer detaillierter beschrieben.

In Natascha Wodins Prosadebüt »Die gläserne Stadt« aus dem Jahr 1983 wirkt die erste Lebensphase, obwohl der gewalttätige, entwurzelte und in einem Kosakenchor singende Vater bereits eine große Rolle spielt, am stärksten von der Russlandsehnsucht der Mutter geprägt. Sie vermittelte der Tochter das Gefühl, dass in der russischen Kultur ihre eigentliche Identität läge – vor allem durch Musik, durch gemeinsames Singen. Daraus entsteht ein Bild, mit dem Deutschland ganz allgemein und als das nicht zu Erreichende schlechthin charakterisiert wird, es ist »Die gläserne Stadt« des Titels, die »sauberste Stadt der Welt«.

Zu diesem Blick auf das Land ihrer Geburt kommt die Hauptfigur auch durch die Konfrontation mit dem wirklichen Russland viele Jahre später. Dafür werden wichtige Lebensetappen übersprungen. In den 1970er Jahren arbeitete Natascha Wodin wie ihre Protagonistin als Dolmetscherin in Moskau, unter schwierigsten Bedingungen. Aber im Mai 1979 lernte sie den um 24 Jahre älteren »L.« kennen und erlebte anschließend eine der glücklichsten Phasen ihres Lebens. Das Debüt der Autorin reagierte auf diese unmittelbar zurückliegende Erfahrung. Eine Zeit lang schien es tatsächlich so zu sein, als könnte sich im Moskauer Alltag die Möglichkeit einer Heimat verbergen. Bis zum September 1980 lebte Natascha mit L. in der aus der üblichen Gesellschaft herausgehobenen Moskauer Schriftstellersiedlung zusammen. Die Autorin verhüllt die autobiografische Grundlage ihres Buches nicht, aber sie macht sie gleichzeitig zu einem literarischen Stoff: Lew Ginzburg war ein bekannter russischer Dichter, Germanist und Übersetzer. Er starb im Alter von 59 Jahren, kurz nachdem die beiden beschlossen hatten, zu heiraten.

In »Die gläserne Stadt« wird die Zeit der Beziehung mit Lew Ginzburg zu einer Einlösung früher Traumvisionen, die durch die russischen Erinnerungen der Mutter ausgelöst wurden. Aber es bleibt alles dennoch sehr fragil. Vor der Bekanntschaft mit »L.« erlebt Natascha das russische Leben als eine nicht zu bewältigende Herausforderung, es setzt ihr psychisch und physisch zu. Und dem Milieu der etablierten russischen Kulturschaffenden steht sie durchaus zwiespältig gegenüber, sie sieht die Privilegien und Repressionen in der sowjetischen Gesellschaft, und nach dem Tod ihres Geliebten wird sie auch sofort ausgeschlossen. Der Roman endet mit der Rückkehr ins »gläserne« Deutschland, und das zentrale Lebens- und Schreibmotiv der Autorin kristallisiert sich dadurch umso deutlicher heraus: die Suche nach Verortung, die Ruhelosigkeit, das Hin- und Hergetriebensein.

Erst in den folgenden Büchern widmet sich die Autorin den schwierigen und komplexen Phasen ihrer Biografie, die sie in ihrem Debüt ausgelassen hat. Es sind die Jahre zwischen der Zeit in einem katholischen Mädchenheim, in das ihr Vater sie nach dem Selbstmord der Mutter gebracht hatte, und der späteren Berufstätigkeit als Dolmetscherin. »Einmal lebt ich«, 1989 erschienen, ist lange, bevor dieses Wort in Deutschland aufkam, ein autofiktionaler Text: ein schonungsloser Rechenschaftsbericht, der der eigenen Biografie nachspürt und in dem es um die sozialen Verhältnisse und ihre psychischen Implikationen geht. Es ist überhaupt bemerkenswert, dass

Natascha Wodins erste Texte parallel zu den später berühmt gewordenen Prosastücken von Annie Ernaux entstanden, die stilbildend geworden sind. Der Unterschied zwischen dem französischen und dem deutschen Sujet bei beiden Autorinnen ist sehr beredt: das Deutsche zerfällt bei Natascha Wodin in viele verschiedene Bestandteile, und die Risse zwischen den deutschen und russischen Komponenten im Selbstbild der Autorin bilden das Movens des Schreibens.

»Einmal lebt ich« setzt an dem Punkt ein, als die Erzählerin nach fünf Jahren in der klösterlichen Mädchenschule in die »Häuser« ihres Herkommens zurückkehrt. Die Protagonistin sieht sich der Aggressivität des Vaters, der bis zu seinem Tod Jahrzehnte später kein Wort Deutsch sprechen wird, schutzlos ausgeliefert. Sie ist seinen Forderungen, den Haushalt zu führen und samstags penibel zu putzen, nicht gewachsen, und parallel dazu werden in beklemmenden Szenen die sexuellen Irritationen der Heranwachsenden deutlich. Einmal legt sich der Vater betrunken zu ihr ins Bett, und sie hat sich in einer Vorahnung, von der sie nicht genau weiß, worin sie eigentlich besteht, eine Schere auf den Nachttisch gelegt, um sich im Notfall zu wehren – es kommt nicht dazu, aber damit wird eine spezifische Atmosphäre verdichtet, die das gesamte Buch durchzieht. Den Wechsel zu einer durch und durch protestantischen Schule, in der sie als »Russin« verunglimpft wird, verkraftet sie ebenfalls nicht, und sie ergreift schließlich die Flucht.

Die Romane »Einmal lebt ich« und »Die Ehe« loten die biografischen Abgründe und Leerstellen aus, die die Autorin Natascha Wodin wie ihre jeweilige Protagonistin vor der ihren Debütroman beherrschenden Tätigkeit als Dolmetscherin in Moskau ausmachen. Dabei treten soziale Szenerien ins Bild, wie sie in der zeitgleich veröffentlichten deutschsprachigen Gegenwartsliteratur in der Wohlstands- und Markt-Euphorie vor und vor allem nach 1989 kaum vorkommen. Die Erzählerin in »Einmal lebt ich« reißt in die nächstgelegene Großstadt aus, lässt sich von einem Iraner in dessen möbliertes Zimmer mitnehmen und wird, bevor es ihr gelingt, zu entkommen, von ihm mehrfach vergewaltigt. Es folgen lange, demütigende Monate auf der untersten Stufe der sozialen Skala, in denen sie auf der Straße lebt und verdrängt, dass sie schwanger ist, bevor sie das Kind unter Lebensgefahr in der Wohnung des Vaters abtreibt. Die Form des Romans rekurriert auf eine expressionistische Sozialpathetik, erzählt wird in einer Rede an das mit brutaler Gewalt gezeugte und abgetriebene Kind.

»Die Ehe« schließt fast nahtlos daran an: Die Erzählerin rettet sich vor dem übermächtigen Vater in die Heirat mit dem einäugigen Harald und schafft es dadurch, endlich einen deutschen Nachnamen und einen deutschen Pass zu bekommen. Ihr Mann ist, was die Ich-Erzählerin zunächst kaum einordnen kann, Mitglied der NPD, ihre Schwiegereltern sind alte Nazis. Durch den Impuls eines Slawisten aus den USA beginnt sie jedoch langsam darüber nachzudenken, was sie eigentlich ausmacht. Es gelingt ihr über aberwitzige Umwege, eine Ausbildung als Dolmetscherin zu absolvieren und an die nach dem Tod der Mutter fast völlig verleugnete russische Sprache wieder anzuknüpfen. Dadurch gerät sie, in der Zeit der 68er-Bewegung, in studentische Kreise, lässt sich von Harald scheiden und zieht in eine Wohngemeinschaft, die sie trotz aller Distanz als befreiend erlebt. Am Schluss des Romans bricht sie zu einem ersten beruflichen Aufenthalt nach Moskau auf, und damit ist der Kreis zu ihrem Debüt »Die gläserne Stadt« geschlossen.

Die ersten Jahrzehnte des Lebens von Natascha Wodin sind durchgehend von grundlegenden existenziellen Problemen geprägt, und neben den extremen sozialen Bedingungen, in die sie hineinwächst, geht es vor allem um die alles verunsichernde Frage, was sie eigentlich ausmacht, worauf sie ihre eigene Person gründen kann. Ihre ersten Schreibversuche finden auf Zetteln statt, auf Parkbänken und sonstigen Stationen ihrer Obdachlosigkeit nach dem vorzeitigen Schulabgang. Auf das Jahr 1978 datiert ein Typoskript »An meine Mutter«, das in die erste Veröffentlichung der Autorin überhaupt eingeflossen ist, die Erzählung »Niemandsmensch«, die in dem edition-suhrkamp-Band »In irrer Gesellschaft. Verständigungstexte über Psychotherapie und Psychiatrie« 1980 erschien.

Die russische Sehnsucht, die ihr die Mutter hinterließ, wurde zu einem Leitmotiv, das immer wieder variiert wird. Doch bereits in ihrem Debüt, als es so scheint, es könne in Moskau in der Liebe zu L. eine Verbindung zerrissener Hälften geben, heißt es: »Ich würde diese Menschen lieben, aber sie nie verstehen können. Ich würde dieses ganze Land nie verstehen können. Es war gleichsam die Kehrseite der Welt, in der ich aufgewachsen war und gelebt hatte.« Und auf der intimsten persönlichen Ebene wird sie durch L. auf dieselbe Kluft gestoßen: »Liebe ich den Übersensiblen, Übersteigerten, vom Untergang Bedrohten, weil mich das hinabzieht in mich selbst, in die allerletzte Wahrheit meiner selbst? Oder liebe ich immer, immer nur einen: den Vater, den ich seit jeher gesucht und endlich in L. gefunden habe?«

Im Jahr 1985 spitzt sich die Lage zu. Natascha Wodin ist in Deutschland zu einer Schriftstellerin geworden, »Die gläserne Stadt« hat sie bekannt gemacht, und auf dem Wühltisch einer Buchhandlung ist sie auf den ersten Gedichtband von Wolfgang Hilbig gestoßen. Diese Verse treffen sie ins Mark: »Sie handelten von der Finsternis und Verdammnis eines Menschen, der der einsamste und verlorenste war, von dem ich je gehört hatte.« Die Autorin spürt instinktiv, dass sie hier auf ein ähnliches Schicksal trifft wie ihr eigenes, und der Sog, der sie zu diesem kaum erreichbaren, hinter dem Eisernen Vorhang in Leipzig wohnenden Proletarier hinzieht, ist nur durch solche Tiefenströmungen zu erklären. Im Roman »Nachtgeschwister« hat Natascha Wodin ihre Beziehung und Ehe mit Wolfgang Hilbig thematisiert, und sie hat dabei Zeichen dafür gesetzt, dass es sich hier nicht um eine dokumentarische Darstellung, sondern um eine literarische Bearbeitung handelt – kleine Verfremdungen, wie dass die Stadt Hanau, in der Hilbig nach seiner Übersiedelung in die Bundesrepublik wohnte, hier »G.« heißt, und die Berliner Immanuelkirchstraße sowie die Metzer Straße, in der die beiden Protagonisten zum Schluss wohnen, tauchen nur abgekürzt als die »I«- und die »M-Straße« auf. Vor allem aber hat die Figur des Mannes von der Ich-Erzählerin den sprechenden Namen »Jakob Stumm« erhalten.

Die äußeren Daten der beiden Biografien und die Chronologie des Geschehens sind genau zu erkennen, die Autorin will sie gar nicht verbergen, genauso wie bei den mittlerweile schon Literaturgeschichte gewordenen Ereignissen und Büchern. Der Dichter in Leipzig erscheint der Ich-Erzählerin von Anfang an als ein seelisches Pendant: »Ein Arbeiter, der Worte fand für seine aussichtslose Suche nach einem anderen Leben. Es waren die Worte eines Verkannten und Verbannten, die Klopfzeichen eines Unterirdischen, eines Verschütteten, die ich vernommen hatte. Klopfzeichen, die mir galten, ich wusste es mit einer Sicherheit wie noch nie etwas vorher.«

Die Erzählerin ist ihrem langjährigen Freund und Lebenspartner Paul, der sie in die Welten der Wohngemeinschaften und der Befreiungsbewegungen geführt hat – in »Die gläserne Stadt« hieß er noch Helmut – von Herzen dankbar, sie fühlt sich ihm verpflichtet. Doch was sie zu jenem Dichter hinzieht, ist viel stärker. Es handelt sich um ein großes Lebensexperiment, um die große Obsession, die Verbindung von Literatur und Liebe in die Realität umzusetzen und miteinander leben zu können. Und es geht sie im Innersten an: Sie hat Deutschland und Russland immer als Antipoden erlebt, aber in der Person von Jakob Stumm, dem DDR-Dichter, wird das für sie plötzlich zu einer Einheit. Noch in den ersten Passagen des Buches, als es schon völlig klar ist, wohin diese fantastische Versuchsanordnung der Liebe geführt hat, scheinen entsprechende Visionen auf. Und auch am Schluss, als der Bogen zur unmittelbaren Gegenwart zurückgeschlagen wird, gibt es noch einmal einen Nachhall: ein spezifisch ostdeutsches Lachen, das völlig losgelöst wirkt und das sie im Westen nie gehört hat.

Die Schilderungen Ostberlins und des um 1990 vom Westen bereits ein bisschen angetasteten, aber mit allen Verfallszeichen der DDR versehenen Stadtteils Prenzlauer Berg haben im Aufeinandertreffen von Ostgefühl und West-Gegenwart eine große Magie. Das Haus in der Immanuelkirchstraße, in dem am Anfang des Jahrhunderts Felice Bauer, die große Versuchung Franz Kafkas, gewohnt hat, gerät zu einem Symbol für Vergeblichkeit und Vergänglichkeit, und die verrottete kleine Wohnung im Hinterhaus, in die sich die Erzählerin einmieten konnte, liefert ein authentisches Bild dafür. Es sind dies alles auch atmosphärische Verdichtungen des Liebesversuchs mit Jakob Stumm.

Obwohl das »schwere Sächsisch« des realen Dichters am Telefon und seine völlig unromantische, mit den Worten seiner Gedichte scheinbar in keinerlei Zusammenhang stehende Gestalt von Anfang an jegliche Nähe nahezu ausschließt: Die Ich-Erzählerin kämpft trotz aller Desillusionierungen um ihre Vision, um das Wissen darum, dass sie »nicht mehr allein« ist. Und als sie ihn einmal in seiner Wohnung in G. überraschend aufsucht, wird schlagartig klar, worum es geht. Die kaputten Wohnblocks, in denen Jakob Stumm haust, erinnern sie sofort an ihr Herkommen, »auch hier wohnten keine Deutschen«, über den Hof laufen Frauen mit Kopftüchern und langen Kleidern: »Sogar in der äußeren Welt befand Jakob sich an einem Ort, der mich zurückführte in meine Kindheit. Ich wusste nicht genau, ob das Gefühl erst jetzt in mich einbrach oder ob ich es bereits mitgebracht hatte an diesen Ort, das Gefühl, dass die Spule meines Lebens, seit ich Jakob kannte, sich nach rückwärts zu drehen begonnen hatte, in die Vergangenheit, in die Finsternis, in die Rohheit meiner Kindheit, in eine Welt, der ich mich für immer entkommen glaubte und die mir nun in diesem Hof wieder entgegenzukommen schien.«

Die Verwahrlosung des Dichters, seine völlig chaotische Behausung, sein Alkoholismus – all dies wird schonungslos dargestellt, und es finden sich in »Nachtgeschwister« etliche Passagen, die die Lebenstragödie von Wolfgang Hilbig aus intimer Nähe nachvollziehen, in einer Mischung aus abgrundtiefem Verständnis und Abwehr. Vor allem wird dabei auch das Geheimnis seines Schreibens psychologisch sensibel und differenziert freigelegt. Die Ich-Erzählerin weiß früh, dass Jakob ein »Unheil« für sie sein wird: »Unsere Vergangenheit hatte uns zu dem gemacht, was wir waren, wir konnten beide nicht aus eigener Kraft leben, das war, neben dem Schreiben, unsere tiefste und innigste Gemeinsamkeit und zugleich die ganze Unmöglichkeit zwischen uns.«

Die Erinnerung an die Tiefen und auch an die vereinzelten prekären Höhen dieser Beziehung machen »Nachtgeschwister« für die Autorin zu einer Katharsis: Sie ist im Verlauf des Textes dabei, sich freizuschreiben. In der Auseinandersetzung mit dieser katastrophalen Kulmination aller Ost-Gefühle kann sie viele ihrer Verwerfungen hinter sich lassen. Der sachlich-poetische Ton dieses Textes spricht von einer neuen Offenheit, einem Angekommensein. Natascha Wodin konnte »Nachtgeschwister« erst im Jahr 2009, drei Jahre nach Hilbigs Tod, veröffentlichen, und man merkt durch den zeitlichen Abstand auch eine entsprechende, abgeklärte Distanz.

Die Autorin erschrieb sich ein neues Selbstverständnis, und sie ging mit den Herausforderungen ihrer ukrainisch-russisch-deutschen Herkunft nun anders um. Ein herausragendes Zeugnis dafür ist dann das Buch »Sie kam aus Mariupol« aus dem Jahr 2017. Natascha Wodin hatte sich die Voraussetzungen dafür geschaffen, zum ersten Mal ausführlicher und ganz konkret über das Leben ihrer Mutter nachzudenken, und dazu gehörte auch das Bewusstsein, dass sie von ihr kaum etwas wusste – außer, dass sie ursprünglich aus einem undefinierbar östlich gelegenen Ort namens Mariupol stammte.

Dem Klang dieses Namens geht die Autorin am Anfang dieses wahrlich abenteuerlichen Buches nach. Für sie klebte am Wort »Mariupol« einzig und allein das sowjetische Verhängnis der todtraurigen, verzweifelten Mutter, und wenn sie daran dachte, stellte sie sich immer graue, schemenhaft geduckte Menschen vor schneebedecktem Hintergrund vor, in sibirischer Kälte, und natürlich wurde in dieser Wahrnehmung auch nicht zwischen der Ukraine und Russland differenziert. Als sie beginnt, im Internet über die Heimat ihrer Mutter zu recherchieren, stellt sie fest, dass dieser Ort am Asowschen Meer ein nahezu mediterranes Klima hat und in der Zarenzeit hauptsächlich von Griechen bewohnt war. »Sie kam aus Mariupol«: Das vermeintliche Wissen über ein Herkommen, das immer diffus und mit Scham verbunden gewesen ist, wird plötzlich vieldeutig und schillernd.

Die Autorin beschreibt, wie sie lange Zeit vergeblich versucht, nähere Informationen über die ersten zwanzig Lebensjahre ihrer überall vergessenen Mutter zu bekommen. Kurz, bevor sie aufgibt, startet sie über ein russischsprachiges Forum doch noch einmal eine Suchanfrage und bekommt nach einigen Wochen tatsächlich eine Antwort. Ein Internetfreak namens Konstantin betreut irgendwo im russischen Raum eine Webseite, die die griechischstämmige Bevölkerung am Asowschen Meer erforscht, und verspricht, die Autorin bei ihrer Suche zu unterstützen. Stück für Stück wird nun die familiäre Herkunft ihrer Mutter ins Licht gerückt, und was sich da an Unvorhergesehenem und Überrumpelndem enthüllt, ist wie bei einem Krimi aufgebaut.

Der umtriebige Konstantin hat sich Zugang zu diversen Amts- und Kirchenregistern verschafft, und der Name der Mutter Natascha Wodins, Jewgenia Jakowlewna Iwaschtschenko mit dem Geburtsjahr 1920, findet sich tatsächlich in einem entlegenen Verzeichnis, das wegen eines relativ bekannten griechischstämmigen Philosophen aus der Verwandtschaft ihrer Großvatergeneration existiert. Es ist wie ein Schlag, den die Ich-Erzählerin benommen und ungläubig registriert: Sie stammt mütterlicherseits aus einer aristokratischen Familie! Ihre Vorfahren haben eines der luxuriösesten Anwesen in Mariupol bewohnt und verkörperten eine Alltagskultur, die fremd und exotisch aus langsam ans Licht beförderten fahlen und graustichigen Fotografien durchscheint. Irgendwann taucht ein Familienfoto mit Zimmerpalme auf, auf dem vor allem die Großtante Jelena hervorsticht, eine elegante Frau mit Brokatkleid und Stuartkragen.

Die Ich-Erzählerin konfrontiert die grellen, kaleidoskopartig einfallenden Historienbilder mit der Szenerie am ruhigen norddeutschen Schaalsee, mit der stillen Natur hinter großen Fensterscheiben, wohin sie sich zum Schreiben zurückgezogen hat. Das schafft flirrende Effekte, wie auf einer Zeitschaukel. Auf dem Bildschirm flimmern immer wieder neue Materialien auf, die der ferne Konstantin im heutigen, real existierenden Russland zutage fördert. Taumelnd gerät die Autorin in eine Vorgeschichte, die überhaupt nichts mit ihrer Kindheit in einer ghettoartigen Armensiedlung in Franken zu tun hat – mit dem rohen, hemdsärmeligen Vater und der Mutter mit ihrem nach innen gerichteten, verschatteten Blick.

Die Bruchstücke, die die Autorin aus ihren spärlichen Erinnerungen an ihre eigenen ersten zehn Lebensjahre hervorkramt, bekommen plötzlich schärfere Konturen. Sergej, der ominöse Bruder der Mutter, entpuppt sich als ein Rotarmist, der an der Front Opernarien sang. Lidia, die Schwester der Mutter, wurde in ein stalinistisches Straflager verbannt und überwinterte nach dem Kriegsende fünf Jahre in Kasachstan. Die Zeitläufe isolierten die Geschwister und kappten die Verbindung zwischen den Generationen. Mit der Hilfe des Genealogieexperten Konstantin stößt Natascha Wodin mitten in den leeren Weiten der ehemaligen Sowjetunion auf ihre verbliebenen Verwandten, und sie kann nun einen alten, kranken Cousin in ihr Herz schließen und ein zartes Familiengefühl entwickeln.

Welche Verheerungen die Hafenstadt Mariupol erlebt hat, deren Weichbild aus dem 19. Jahrhundert fast verführerisch und verwunschen vor Augen tritt, wird in kurzen Skizzen deutlich. In dem fünfjährigen Bürgerkrieg nach der Revolution 1917 wechselte siebzehnmal die Macht, kein Haus blieb stehen, und die überkommenen Strukturen und Selbstverständlichkeiten wichen chaotischen Hungerzuständen bis hin zum Kannibalismus. Nach der Stabilisierung der Sowjetunion änderten sich nur die Formen der Gewalt. Ein kurzer Verweis auf die aktuelle Lage in Mariupol, wo sich bereits während der Niederschrift des Buches in den Jahren vor 2017 ukrainische Soldaten und russische Söldner Gefechte liefern, zeigt: Hier ist nichts abgeschlossen.

Die Mutter der Erzählerin hat in ihrem kurzen Leben die Desaster des 20. Jahrhunderts im Schnelldurchlauf erlebt: die Zerstörung aller Bindungen im Stalinismus sowie das Schicksal der deportierten Zwangsarbeiter in Nazideutschland und danach – ein Kapitel, das fast völlig unbekannt ist. Auf dramatische, vielfach gebrochene Weise greift die Lebensgeschichte der Mutter unversehens noch einmal in das Leben der Tochter ein. Und wie in einem Roman werden ihr aus Sibirien die Lebenserinnerungen ihrer Tante Lidia zugeschickt, die erst vor gut einem Jahrzehnt gestorben ist und die sie bei ihren Reisen in die Sowjetunion leicht hätte besuchen können. Die hautnah greifbaren Familienbilder werfen ein neues Licht auf die wenigen Erinnerungen, die Natascha Wodin an ihre Mutter hat – auf deren versunkenen, entsetzten Blick, aber auch auf die eigenartige

Szene, in der sie in einer fremden Wohnung unvermutet und völlig selbstverständlich das Regentropfen-Prélude von Chopin spielte, wie aus einer anderen Welt.

In »Nastjas Tränen«, dem nächsten Buch von Natascha Wodin, verkehren sich die Rollen. Die Ich-Erzählerin gehört der kultivierten Mittelschicht in Berlin an, und den unergründlichen, abweisenden Ausdruck in den Augen ihrer Mutter erkennt sie nun, fünfzig Jahre später, in den Augen ihrer ukrainischen Putzfrau Nastja.

Schon, als die Erzählerin Nastja zum ersten Mal sieht, wird ihr schlagartig klar: Dies ist die erste Ukrainerin, die ihr Jahrzehnte nach ihrer Mutter begegnet. Und plötzlich ist sie wieder mit dem konfrontiert, von dem sie eigentlich glaubte, es hinter sich gelassen zu haben. In den Augen ihrer Mutter hatte sie das Gebundensein an eine Welt erkannt, die sie in Deutschland fremd bleiben ließ, und durch Nastja gelangt sie jetzt wieder in eine als unheilvoll empfundene Nähe zu slawischen Schicksals- und Weltsichten, die dem westlichen Leben verführerisch und verderblich in die Quere kommen können.

Nastja ist eine immer noch jugendlich wirkende, intelligente Frau und löst widersprüchliche Gefühle aus. Fasziniert, und persönlich irgendwie darin involviert, setzt sich die Ich-Erzählerin Nastjas sowjetische Vergangenheit zusammen. Da studiert sie Bauingenieurwesen in Kyjiw und verliebt sich in den Medizinstudenten Roman. Eine Zeit lang leben die beiden in einem ausrangierten, hölzernen Güterwagen auf dem Klinikgelände, und die Probleme, etwas zu essen zu ergattern sowie die zermürbende Wohn- und Alltagssituation überlagern sich mit den gemeinsamen Motorradfahrten auf die Krim zu den Eltern Romans, die für Nastja zum Sinnbild ihrer Sehnsüchte werden.

Als die Ukraine ein selbstständiger Staat wird, zerbrechen alle Strukturen. Im neuen Wild-Ost-Kapitalismus führen ein paar Nutznießer des Systems die staatlichen Betriebe und Immobilien mit skrupellosen Methoden in ihren Privatbesitz über. Nastja, die leitende Tiefbauingenieurin, bekommt von der Staatskasse monatelang ihr Gehalt nicht mehr ausgezahlt, und als letzten Lohn erhält sie, nach 25 Jahren Dienst, einen kleinen Sack Reis. Es herrscht Rechtlosigkeit, das Überleben wird zu einem täglichen Kampf, und der fremde Westen erscheint als Chance.

Es ist eine zeitgenössische, osteuropäische Odyssee, die nun beginnt, und selten hat man so hautnah verfolgen können, wie eine gut ausgebildete und pflichtbewusste Person wie Nastja in den Schleudergang der Zeitgeschichte gerät. Sie ist auf die kriminellen ukrainischen Netzwerke angewiesen und landet als Putzfrau bei der Oligarchengattin Marina Iwanowna, die in einem neureich aufgemotzten Altbau in der Nähe des Kurfürstendamms wohnt, sie äußerst schlecht bezahlt und schamlos ausbeutet. Doch Nastja gelingt es bald, auch bei deutschen Familien zu putzen, und so kommt sie mit der Erzählerin in Berührung.

Als der Passfälscherring auffliegt, der Nastja eine gefälschte ukrainisch-jüdische Identität besorgt hatte und sie Deutschland verlassen muss, spürt die Verfasserin insgeheim »die letzte Chance, meiner Verwicklung in ihre Geschichte zu entgehen«. Denn sie möchte nichts mit jener »stillen slawischen Volksdemut« zu tun haben, die Nastja von ihren Ahnen und Urahnen in die Wiege gelegt worden sei, als Teil der Geschichte eines »seit jeher geknechteten Landes«. Aber sie kümmert sich um Nastja, und es gelingt ihr, deren Abschiebung zu verhindern und eine sogenannte »Fiktionsbescheinigung« zu ergattern, die ihr eine Weile das Aufenthaltsrecht sichert. Das bürokratisch schillernde Wort »Fiktionsbescheinigung« wird von der Erzählerin nach allen Seiten hin befragt und in ihre eigene ästhetische Arbeit überführt. Es gibt wunderbare Passagen, in denen die westliche Welt mit den Augen Nastjas wahrgenommen wird, vor allem die Bevölkerung und die Freizeitpraktiken des Prenzlauer Bergs erscheinen wie eine Zirkusvorstellung, mit zauberhaften Arrangements und irren Kostümen. Und obwohl ihr die deutschen Familien, bei denen sie putzt, wie eigentlich unvorstellbare Inseln der Humanität vorkommen, und obwohl sie verdutzt registriert, dass die Leute unbeschwert in den Cafés sitzen und offenkundig nicht einem ständigen Kampf ausgesetzt sind wie in ihrer Heimat – etwas in Nastja weigert sich, dazugehören zu wollen und Deutsch zu lernen. Das wäre für sie anscheinend so, als würde sie »Verrat begehen« an einer Welt, »die für immer die ihre bleiben würde.«

Eine bizarre Konstellation entsteht, als Nastja eine Heiratsannonce aufgibt, um in Berlin keine Illegale mehr sein zu müssen. Der Kranführer Achim führt sie gleich mit seiner Harley-Davidson aus, und dadurch wird eine tiefsitzende Erinnerung an das Glück in ihr wachgerufen, an die Ausflüge auf die Krim mit ihrem früheren Mann. Auch hier drehen sich allerdings die Rollen um. Das Bildungsgefälle zwischen der Bauingenieurin, die sich in der Staatsbibliothek Bücher ausleiht, und dem deutschen Rocker mit seinen Pornoheften erweist sich als beträchtlich. Achim entpuppt sich als Heiratsschwindler, der genau weiß, dass Nastja auf die Ehe mit ihm angewiesen ist, und er lebt bald ausschließlich von dem Geld, das sie verdient.

Als Achim schließlich stirbt, bietet die Ich-Erzählerin Nastja an, zu ihr in ihre Wohnung zu ziehen – sie ist von der Unerschütterlichkeit und Geradlinigkeit der Ukrainerin durchaus in den Bann gezogen. Diese ist »glücklich, wenn sie gebraucht« wird, und macht viel für ihre Freundin. Doch als die Erzählerin einmal Rindsrouladen macht, ein festlich gemeintes deutsches Essen, kommt es fast zum Eklat. Nastja schmeckt diese Mahlzeit nicht, sie ist ihr zutiefst fremd, und der eiserne Vorhang, der scheinbar beiseitegeschoben schien, ist auf einmal wieder da. Die Erzählerin muss erkennen, dass sie für Nastja eindeutig eine Deutsche ist, dass es die ukrainische Gemeinsamkeit, die sie postuliert hat, nicht gibt. Nastja hält unbeirrbar an ihren Gewohnheiten fest. Sie zieht in die Wohnung nicht auf die Weise ein, die die Erzählerin unwillkürlich vorausgesetzt hat, Nastja reicht auch hier nur ein »Eckchen«. Sie streift durch die Stadt, ruhelos wie eine »Straßenkatze«, sie ist viel lieber unter Leuten als allein. Als sie im Zug nach Kyjiw einmal ein Einzelabteil zugewiesen bekommt, sehnt sie sich danach, wie die Passagiere in den anderen Abteilen »im Stapel« zu schlafen, »in einer Ritze zwischen zwei Transportkisten, süß eingebettet in die Schicksalsgemeinschaft der Reisenden.«

Mit solchen Bildern schließt der Roman, in dem »meine Mutter Regie geführt hatte«, wie die Autorin schreibt. Er erweist sich als Teil einer Auseinandersetzung mit Herkunft und Mentalität, die zwangsläufig kein Ende findet. »Nastjas Tränen« ist aber auch ein Beleg dafür, wie souverän Natascha Wodin mit den Zwängen ihrer Herkunft umgeht und sie in eine ästhetisch überzeugende Erzählhaltung übersetzt.

Lucia Perrone Capano

In »einem nie geträumten Bild aus Ost und West«

Bewegungsräume im Werk von Natascha Wodin

Zwischen Ost und West

Die »Literaturen ohne festen Wohnsitz«[1] von Autorinnen und Autoren, die aufgrund von Flucht, Krieg, Vertreibung, Deportation und Migration, aber auch freiwillig oder temporär aufgrund existenzieller Entscheidungen aufbrechen und fortziehen, sind in besonderem Maße von den verschiedensten und oft dramatischen Wanderbewegungen gekennzeichnet. Das Wissen vom Leben – das »Lebenswissen« und das »ÜberLebenswissen« – wie es Ottmar Ette[2] definiert, zeigt hier Herangehensweisen, die aus den Verbindungen und Verflechtungen auf unterschiedlichen Ebenen Bewegungsräume und ihre Dynamiken anders hinterfragen. Diese Schreibweisen spielen eine interessante Rolle auch beim Übergang von einer europäischen Raum- zu einer Bewegungsgeschichte.[3] Dabei kann es aufschlussreich sein, die transnationalen und transkulturellen Beziehungen zwischen Ost- und Westeuropa aus dieser Perspektive zu überdenken, also den Kontext, in dem die Werke der Schriftstellerin Natascha Wodin angesiedelt sind. Sie erzählen von ihren unermüdlichen Suchbewegungen und vom Spurensuchen, die die mit historischen Prozessen interagierenden individuellen Erfahrungen, Brüche und Trennungen sowie plötzliche, unerwartete Annäherungen auf ungewohnte Weise aufleuchten.

Die Eltern der Autorin wurden 1944 wie viele andere aus der Sowjetunion als Zwangsarbeiter:innen nach Deutschland deportiert. Sie landeten in einem Rüstungsbetrieb des Flick-Konzerns in Leipzig, flohen dann nach dem sowjetischen Einmarsch 1945 in den Westen und fanden in einem Lager bei Nürnberg Zuflucht. Diese zwischen Stalin und Hitler hin und her geschobenen Menschen, die erst durch Propaganda und dann mit Gewalt nach Deutschland gebracht wurden, waren gezwungen, unter den schlimmsten menschenunwürdigen Bedingungen in der deutschen Industrie zu arbeiten. Nach Kriegsende wurden sie von den deutschen Behörden aufgefordert, in ihr Herkunftsland zurückzukehren. Unter Stalin galten sie jedoch als »Kollaborateure«, sie durften nicht studieren, fanden keine Arbeit und riskierten das Verschwinden in einem sowjetischen Gulag. Diejenigen, die wie Wodins Eltern in Deutschland blieben, wurden offiziell »Heimatlose Ausländer« beziehungsweise »Displaced Persons« genannt. Nachdem sie einige Jahre in einem Lager für DP verbracht hat, findet die Familie eine Art Zuhause in einer Siedlung für ehemalige Zwangsarbeiter:innen am Stadtrand von Forchheim, einer kleinen Stadt in der Nähe von Nürnberg. Hier, in den berüchtigten »Häusern« entlang der Regnitz, nimmt sich die Mutter im Fluss das Leben, als ihre Tochter zehn Jahre alt ist.

In verschiedenen Variationen und anhand mehrerer Bewegungen thematisiert die Autorin in ihren Werken die monströse Situation ortloser Menschen, indem sie auf autobiografischer Basis[4] die Erfahrungen ihrer Protagonistinnen enträtselt und verwebt. Sie skizziert dabei Wege und Bewegungen, die oft von einer einsamen Kindheit in einer Barackensiedlung, von Orten der Trennung ausgehen. Die am Rande einer westdeutschen Stadt überlebenden Menschen nennt Wodin »Lebewesen ohne Ort«,[5] für die sie bereits in den ersten Romanen einige Such- und Fluchtlinien ausarbeitet und dann mit vielen intra- und intertextuellen Verweisen ständig weiterverfolgt: von der Moskauer Erfahrung in »Die gläserne Stadt« (1983) zur komplizierten Beziehung zwischen einem homosexuellen Tänzer und einer russischen Schriftstellerin in »Erfindung einer Liebe« (1993) bis hin zu dem Roman »Die Ehe« (1997), in dem ein Mädchen mit der Schwester und einem rücksichtslosen russischen Vater in einer Siedlung in F. wohnt, wo ein Kanal »seit jeher die Grenze zwischen uns und den Deutschen«[6] darstellt. Ständig von dem Gefühl gequält, nicht dazuzugehören, überquert sie die ›Grenze‹, kämpft ums Überleben und lernt endlich einen deutschen Mann kennen, der sie heiraten will und der ihr »ein Leben als Deutsche«[7] anbietet. Schließlich geht sie als Dolmetscherin nach Moskau, tritt in ein neues, scheinbar weniger entfremdetes Leben ein und kehrt gleichzeitig zu den unbekannten russischen Wurzeln zurück,[8] die auch in dem teils in Moskau spielenden Debütroman »Die gläserne Stadt« (1983) angesprochen werden. Hier fragt ein Zollbeamter am Flughafen Scheremetjewo nach eingehender Prüfung ihres Passes: »›Sind Sie Deutsche, Russin oder beides?‹ – ›Tja‹, antwortete ich, ›wenn ich das wüsste‹.«[9] In »Nachtgeschwister« (2009), »Sie kam aus Mariupol« (2017) und »Irgendwo in diesem Dunkel« (2018) – auf die hier im Folgenden eingegangen wird – wird eine immer intensivere Recherchearbeit aufgenommen, die auch einen verborgenen und verdrängten Teil der deutschen und europäischen Geschichte durch jene Beziehungen und Bewegungen auftauchen lässt, die sowohl nationale Grenzen als auch Grenzen zwischen Räumen und Schwellen überschreiten und sich zugleich als vielfache Übergänge im Leben, als Krisensituationen und fortdauernde Suche nach einer eigenen Welt erweisen.

»Nachtgeschwister«

Das geteilte Berlin gestaltet sich in »Nachtgeschwister« als Verflechtungsraum und transnationaler Bewegungsraum, der Ost- und Westdeutschland verbindet, wobei die Geschichte des Raums zur Geschichte der Bewegung im Raum wird. Hinter den individuellen Erlebnissen verbergen sich Wege der Flucht, der Migration und der Dislokation: gebrochene Linien, die von den Protagonistinnen und Erzählerinnen der Texte Wodins mühsam rekonstruiert werden.

Die erste erzwungene Versetzung ist, wie bereits erwähnt, diejenige der Eltern aus der sowjetischen Welt nach Deutschland, gefolgt von den Flucht- und Ausweichbewegungen der Tochter aus der Enge, die sie von der deutschen Welt trennt und ausschließt, in die Provinzstadt und in die Großstadt Berlin, mit Stationen auch in Moskau. Die Städte, allen voran Berlin, spiegeln die Erfahrungen von Krieg, Verfolgung, Deportation und dann die Trennung zwischen geteilten Welten wider. Die Verstehens- und Reflexionsprozesse der Protagonistin von »Nachtgeschwister«, die auch Ich-Erzählerin ist, finden anhand von Bewegungen im Raum statt. Indem sie die Geschichte der Stadt in Form von Bewegungen konzeptualisiert, setzt sie die städtischen Strukturen und die sozialen Praktiken ihrer Bewohner als zwei miteinander verbundene Ebenen desselben Diskurses[10] in Beziehung. Die physische und architektonische Beschaffenheit der Stadt nimmt die Physiognomie eines komplexen Zeichensystems an, das eine Vielzahl von Figuren in sich birgt: Dinge und Körper, Straßenachsen und Alltagswege, Behausungen und existenzielle Projekte, Weltformen und Lebensformen. Das zeigt uns die stark autobiografisch geprägte Protagonistin des Romans, Außenseiterin in Nachkriegsdeutschland aufgrund ihrer russischen Herkunft, die dann in Ost-Berlin vor dem Fall der Mauer als Westdeutsche gilt und schließlich im wiedervereinigten Deutschland ankommt.

Die Geschichte beginnt in Berlin, wo unmittelbar nach der Wiedervereinigung zwei Welten aufeinanderprallen.[11] Die Frau bewegt sich jeden Tag zu Fuß zwischen zwei Wohnungen: In der einen arbeitet (schreibt) sie in den dunklen, nächtlichen Stunden, die sie mit dem Dichter aus Ostdeutschland verbringt, in die andere, in der sie allein lebt, geht sie tagsüber schlafen. Der literarische Text wird zu einer lebendigen, sich bewegenden Stadtkartografie, und während sich die geteilten Strukturen der Stadt ineinander einschreiben, weben die Bewegungen der Protagonistin neue Verbindungen zwischen ihnen. In Berlin wird nicht ein Narrativ nationaler Räume ausgearbeitet, sondern städtische Räume zwischen zwei Welten und ihren Einflusssphären durch eine tägliche Pendlerbewegung, die auf einer translokalen Ebene unterhalb der nationalen und sogar regionalen Ebene stattfindet, aber in einem transnationalen Kontext zwischen den beiden deutschen Staaten und zwischen Deutschland und Osteuropa agiert.

Auf ihrem bizarren Weg (»von der M-Straße in die I-Straße nenne ich den Weg zum leeren Briefkasten«, NG, 7) begegnet sie einsamen Menschen, die am Rande der Gesellschaft stehen: »Wendeabfall, abgewickelte, entsorgte Menschen« (NG, 9). Berlin ist aber auch der Ort, an dem Cafés mit literarischen Namen entstehen, wie das Café »Briefe an Felice« (NG, 44) oder das Café Pasternak (NG, 129), und Formen oder Andeutungen jugendlicher Rebellion auftauchen. Von einem Gefühl der Verwirrung überwältigt, verliert sie die räumlich-zeitliche Orientierung: »Nie weiß ich, was ich hier sehe, wo ich eigentlich bin, in welcher Zeit, an welchem Ort. [...] Ich gehe, schaue und weiß schon wieder nicht, wo ich bin.« (NG, 11) Auf ihrem ständigen Pendeln weiß sie nicht mehr, ob sie sich im Osten oder im Westen befindet und denkt an die Vergangenheit zurück, als sie den Dichter Jakob Stumm kennenlernte, mit dem sie über verschiedene Stationen – Hanau, Nürnberg, Schöppingen, Edenkoben – zum Prenzlauer Berg der Nach-Wende-Zeit gelangte. Stumm kommt aus dem ›anderen‹ Deutschland, in dem sie nie gewesen war, von dem sie eine vage Ahnung hatte und auf das sie gerade wegen ihrer russischen Herkunft und des angeblichen ›Verrats‹ ihrer Eltern mit Schrecken blickte. Nachtgeschwister sind die beiden Dichter, die eine dramatische Vergangenheit hinter sich haben und durch ihr Schreiben und ihre Leidenschaft für die Literatur in einer Geschichte von gegenseitiger Liebe und Zerstörung verschlungen werden.

Die Protagonistin schreibt buchstäblich um ihr Leben, um die Erfahrungen, mit denen sie einen wesentlichen Teil ihrer selbst verloren hat, wiederzufinden und zu verstehen. Erst später erfährt sie Einzelheiten über das Leben der Millionen von Zwangsarbeiter:innen in Deutschland und findet auch die Verbindungen zu ihrer eigenen Geschichte. Die Erinnerungen, das zerrissene Leben und der Wunsch, die verschiedenen Orte ihres Lebens wieder zu vereinen, spiegeln sich eindringlich in einem Traum wider, in dem ihr die Autofahrt auf einer Straße im ›anderen‹ Deutschland so vorkommt, als ob sie in Russland wäre: »[...] ich wusste, dass ich im anderen Deutschland war, aber zugleich war es Russland. Das Deutsche und das Russische, das in mir selbst immer ein antipodischer Gegensatz geblieben war, waren ineinander übergegangen, waren eine Einheit geworden. [...] Ich war allein, zum ersten Mal in meinem Leben eins mit mir selbst und glücklich in einer Stille, die es im rasenden Tempo der westlichen Konsumwelt nicht mehr gab.« (NG, 27)

Als sie zum ersten Mal Ostberlin betritt, denkt sie an den sibirischen Wind und den russischen Kommunismus und wird von der Angst überwältigt, für den ›Verrat‹ ihrer Eltern bezahlen zu müssen (vgl. NG, 28). Die Umgebung, in der Stumm lebt, erinnert sie an Moskau und ist ihr nicht fremd, auch wenn sie erst als Erwachsene dorthin ging, um als Dolmetscherin zu arbeiten. Obwohl sie also eine Fremde ist, wie die Westdeutschen in Ostberlin, fühlt sie sich aufgrund ihrer russischen Herkunft auf seltsame Weise dieser Welt zugehörig. Nach der Wende kommen dann immer mehr Russen in die Stadt, und es ist eine andersartige Erfahrung für diejenigen, die bisher nur jene Russen gesehen hatten, die selten kamen und eher »exotische Erscheinungen« waren. In der Stadt, die sich neu erfindet, die eine riesige Baustelle ist, fühlt sich die Schriftstellerin nicht mehr als fremdes Wesen, stößt aber immer wieder auf die Fremdheit des Dichters aus dem Osten, der wieder zwischen Ost und West hin- und hergerissen ist, und auf die Ungewissheiten einer provisorischen Gegenwart: »Wahrscheinlich wohnen hier viele so wie ich. In einer Untermietwohnung auf Zeit, in Übergangszuständen, in Provisorien, in der Untervermietung einer Untervermietung, alle scheinen hier Teil des Provisorischen zu sein, des Vorübergehenden, einer ständigen Lebensumwälzung. […] Ich gehe, ich bin nach wie vor auf meinem täglichen Spießrutenlaufen, jetzt ohne den Schutz des Winters.« (NG, 128)

So versucht die Protagonistin ihr Leben jeden Tag neu zu gestalten, um den Schatten der Vergangenheit zu entkommen. Als sie endlich in eine eigene Wohnung zieht, scheint der Blick vom vierten Stock aus nach unten die Unterschiede verschwinden zu lassen: »Dort unten war weder der Osten noch der Westen, weder die Vergangenheit noch die Gegenwart, weder Stadt noch Land.« (NG, 203) In der sich ständig verändernden, bewegenden Stadt in den Jahren nach der Wiedervereinigung ist die Protagonistin am Anfang wie gelähmt und schafft es nur langsam, sich zurechtzufinden. Allmählich, erst »auf allen Vieren«, dann »wieder auf die Beine« gekommen (NG, 250) ereignet sich wie ein Wunder die Heilung – und nicht zufällig – »durch das ostdeutsche Lachen« (ebd.). Indem sie Marlen Haushofer im Epigraf zu einem der Kapitel zitiert (»Aber ich weiß, dass ich lieber hier nicht zu Hause bin als anderswo«, NG, 227), zieht sie es vor, sich im transkulturellen Erfahrungs-, Entdeckungs- und Begegnungsraum Berlin nicht mehr zu Hause zu fühlen als anderswo. Dieses veränderte Deutschland enthält nun den Osten und den Westen ihres Lebens: »Deutschland als ein neuer, unbekannter Ort, fremd und unentzifferbar und doch wie ich selbst außerhalb von mir, plötzlich zusammengesetzt in einem nie geträumten Bild aus Ost und West.« (NG, 204)

»Sie kam aus Mariupol«

In »Sie kam aus Mariupol«,[12] dem Buch, in dem die Autorin ihre Herkunft zu rekonstruieren versucht, verbindet sie Erinnerungen, historische Dokumentation und literarisches Schaffen zu einer besonderen und innovativen

Form der Erinnerungskunst und -arbeit. Hier bewegen sich die Formen der Erinnerung zusammen mit den Menschen über die Grenzen hinweg und lassen transnationale Möglichkeiten der Erinnerung und der Ausarbeitung der Vergangenheit entstehen, die die nationalen Überlieferungen verändern und herausfordern. So entdeckt Wodin die Geschichte ihrer ukrainischen Mutter, die 1943 als Ostarbeiterin mit ihrem russischen Ehemann nach Deutschland deportiert wurde und sich 1956 das Leben nahm, und macht damit auf das im Nachkriegsdeutschland verdrängte Thema des Schicksals von Millionen von Zwangsarbeiter:innen auf deutschem Boden aufmerksam. Die dramatischen Fluchtbewegungen der Eltern aufzuspüren, erweist sich als rätselhaft: »Auf welchem Weg sie von Brăila nach Leipzig gelangt sind, verraten mir die amerikanischen Unterlagen nicht. [...] Entweder geht die Reise auf dem Wasserweg weiter, auf einem Schiff, [...] oder sie werden in einem der Viehwaggons transportiert, die die nie versiegende Menschenfracht aus allen Himmelsrichtungen nach Deutschland befördern.« (Mariupol, 261)

Um ihre eigene Fremdheit und Nichtzugehörigkeit zu überwinden, muss sie zunächst die ihrer Mutter verstehen und aus Bruchstücken bestehende Existenzen aufspüren, von den Tragödien der Geschichte geprägte Leben. So ergeben sich aus einer Familiengeschichte Teile einer Weltgeschichte, die viele andere Fragen aufwerfen: »Ich verirrte mich tief in der Weltgeschichte, in den gespenstischen Tragödien des 20. Jahrhunderts. Die Berichte über die Zwangsarbeit im Dritten Reich waren voller blinder Flecken, Ungereimtheiten und Widersprüche. Mein Thema entglitt mir zusehends, wuchs mir über den Kopf. War es nicht ohnehin schon zu spät, so fragte ich mich, würde mein Atem überhaupt noch reichen, um diesem gewaltigen Stoff gerecht zu werden?« (Mariupol, 38)

Die historische Erzählung wird gegenwärtig, vielstimmig, wenn auch unvollständig und bruchstückhaft. Ein neuer Erfahrungs- und Erinnerungsraum wird erschlossen, indem die Geschichte in die individuellen und kollektiven Bewegungen verlagert wird, und durch aktive Erinnerungsarbeit, Auswahl und Artikulation der Puzzleteile wird versucht, ein unterbrochenes Leben, das der Mutter, aus einem anderen Blickwinkel (dem der Autorin in der Gegenwart) und aus anderen kulturellen Räumen nachzubilden und zu erweitern. Wodins Roman überschreitet somit die nationale Sphäre und eröffnet neue Perspektiven, indem andere Wege der literarischen Erinnerung gezeigt und mögliche transkulturelle[13] Alternativen zu den nationalen historischen Narrativen angesichts der Erfahrungen von Migration, Kontakt und Konflikt im 20. Jahrhundert entworfen werden. Hier werden Räume durch die auf sie bezogenen Bewegungen in der Vergangenheit und in der Gegenwart anders kodiert. Aus den Bewegungen und Interaktionen entwickeln sich neue transnationale Dynamiken, die über diese Räume hinaus globale Auswirkungen haben. Dabei stellen sich nicht nur geopolitische Fragen nach dem Platz der Ukraine zwischen Europa und Russland – immer wieder von der Vergangenheit eingeholt –, sondern auch nach dem Umgang mit dem Verlust der Erfahrung und nach dem Bedürfnis, Wissen darüber sichtbar zu machen: »Ich konnte nur versuchen, eine fiktionale Biografie zu schreiben, die sich auf die Geschichtsschreibung stützte, auf die bekannten Fakten der Orte und der Zeit, in der meine Mutter gelebt hatte.« (Mariupol, 23)

Es kommt vor, dass Städte manchmal aufgrund furchtbarer Ereignisse wie Krieg und Zerstörung Berühmtheit erlangen. Dies ist der Fall bei Mariupol, der Stadt in der Oblast Donezk, deren Namen wegen der grausamen Bilder, die uns erreichten, alle kennen. Wodin erschafft nicht nur ein Bild ihrer Mutter, die mit diesem Namen verbunden ist – ergänzt durch Gesichter und Geschichten bisher unbekannter Verwandter vor dem Hintergrund historischer und politischer Ereignisse dieser Region –, sondern zeichnet unaufhaltsam die Geschichte einer Stadt und jener Länder nach, die nun auf dramatische Weise in den Vordergrund getreten sind, da die Bewegungen wieder die Form militärischer Aggressionen angenommen haben. Die Ukraine, ein Grenzland, wie schon der Name sagt, und Mariupol, eine in vorrevolutionärer Zeit noch interkulturelle Hafenstadt, werden zu Räumen, in denen die Bewegungen erschreckende Dimensionen annehmen, plötzliche Trennungen und Verwischung der Spuren bedeuten.

Die junge Frau (»Meine arme, kleine, verrückt gewordene Mutter, die aus dem dichtesten Dunkel des blutrünstigen 20. Jahrhunderts kam«, Mariupol, 51) tritt aus der Anonymität heraus, bekommt ein Gesicht und gibt Zeugnis von einem Schicksal, das in der Aufarbeitung der Nachkriegsgeschichte lange ein blinder Fleck geblieben ist. Wodin trifft auf Ereignisse in einer untergegangenen Welt, die des alten Mariupol und des zaristischen Russlands, dann auf die vom Bürgerkrieg erschütterte Ukraine, auf das stalinistische Sowjetregime und den Holodomor, die bewusst herbeigeführte Hungersnot, die zwischen 1932 und 1933 mehrere Millionen ukrainische Bauern das Leben kostete, auf die nationalsozialistische Hölle und das Nachkriegsdeutschland mit seinem Hass auf die Russen. Aus einer anderen dokumentarischen Perspektive, der der aufgefundenen autobiografischen Skizzen der Tante Lidia, werden auch deren persönliche Tragödie, die Deportation in ein Lager im Norden nahe der finnischen Grenze und ihre dramatischen Wanderbewegungen im historischen Kontext des Stalin'schen Terrors nachgezeichnet.

Die Nachrichten über die eigene Herkunft werden so mithilfe von Internetrecherchen durch die Lebensgeschichten unbekannter, von den Verheerungen des 20. Jahrhunderts geprägter Verwandter ergänzt. Das Internet erweist sich als einfaches, aber wirkungsvolles Mittel, um Geschichte über

Grenzen hinweg in die hochgradig vernetzte Gegenwart eines digitalen Zeitalters zu transportieren, in dem die fiktionalen und die realen Aspekte des Lebens untrennbar miteinander verwoben werden. Einerseits profiliert sich eine wichtige Rolle der Gedächtnismedien, andererseits wird das kommunikative Familiengedächtnis mit den Ergebnissen des in Archiven aufbewahrten kulturellen Gedächtnisses und mit der hegemonialen Erinnerungskultur konfrontiert. Aus diesen Vergleichen ergibt sich allmählich eine präzise Analyse des Themas Zwangsarbeit in Deutschland während und nach dem Zweiten Weltkrieg, das bedauerlicherweise nur als »Fußnote der Geschichte« erscheint. In ihren Recherchen geht Wodin von mehr als 42 500 Lagern auf deutschem Boden aus, von denen 30 000 zur Zwangsarbeit genutzt wurden (Mariupol, 38).

In ihrer »Spurensuche« (Mariupol, 139) fixiert sich das Gedächtnis auf die kleinen Dinge, hält es sich an das Detail, lässt den Makrokosmos des Weltgeschehens im Mikrokosmos ablaufen. Die Autorin und Erzählerin versucht, Geschichte durch mikrohistorische Beschreibungen von Einzelfällen (anders) lesbar zu machen. Wie der italienische Historiker Carlo Ginzburg schreibt, werfen die Geschichten im Kleinformat eine Frage auf, »ohne die Antwort darauf mitzuliefern, indem ein ungelöstes Problem aufgezeigt«[14] und ungewöhnliche Verflechtungen möglicher Beziehungen gezeichnet werden. Das induktive Verfahren des Indizienparadigmas schenkt den Details und Einzelfällen besondere Aufmerksamkeit, sodass durch die Montage, die hier gleichzeitig Demontage und Neuzusammensetzung bedeutet, eine andere Wahrnehmung der Geschichte vorgeschlagen werden kann. Die Hinweise füllen nicht eine dokumentarische Lücke, sondern verweisen unweigerlich darauf zurück. Die nachgeborene hartnäckige Rechercheurin, die ihr Buch nach eigenen Angaben am Schaalsee (Mariupol, 19), an der ehemaligen Grenze zwischen Ost- und Westdeutschland, geschrieben hat, wird zur kulturellen Grenzgängerin. Die Rekonstruktion der Bewegungen auf unterschiedlichen und oft miteinander verwobenen Ebenen öffnet ihr Abgründe, vermittelt Glück und Angst zugleich, während Missverständnisse und Ungewissheiten Teil ihrer Erzählstrategie werden. So entsprechen die Forschungsbewegungen der Erzählerin einem Prinzip der Diskursordnung, das den Text als verschiedene, miteinander verbundene Teile organisiert, die sich gegenseitig bestätigen oder infrage stellen. Auch erzählerische Prozesse werden zu Magnetfeldern: Sie provozieren Fragen, ermöglichen den Aufbau eines Assoziationsnetzes und regen zum Weiterdenken an.

»Irgendwo in diesem Dunkel«

In »Irgendwo in diesem Dunkel«, das 2018 nach dem Erfolg von »Sie kam aus Mariupol« erschienen ist, erzählt Natascha Wodin erneut von ihrer traumatischen Jugend und der Dunkelheit anderer Orte, wie jener deutschen Stadt, in die sie als Teenager auf der Flucht und auf sich allein gestellt zieht. Die Geschichte entwickelt sich rückwärts von der Beerdigung ihres Vaters im entscheidenden Jahr 1989. Der gewalttätige und alkoholkranke Mann wollte nie Deutsch lernen oder über seine Erfahrungen mit Bürgerkrieg, Hungersnot und stalinistischem Terror sprechen. Selbst in dem Lager, in dem die verschiedenen Stimmen der osteuropäischen Völker widerhallten, war er immer still geblieben. Die Tochter, Protagonistin und zugleich Erzählerin der Geschichte, macht sich dann auf den Weg, um ein doppeltes Schweigen zu brechen: das des Vaters, der nicht über seine Vergangenheit spricht, und das Deutschlands, das das Schicksal der Millionen Zwangsarbeiter:innen, die in fast allen deutschen Fabriken arbeiteten, verdrängt hat. Alles, was sie von ihrem Vater weiß, ist, dass er 1900 an der Wolga in Kamyschin geboren wurde und 1989 in Franken verstarb. So verdichtet sich fast ein ganzes Jahrhundert zu einem von Revolutionen und Diktaturen geprägten Leben. Nach der Erfahrung der Deportation kann er in Deutschland nie heimisch werden. Auch später als Sänger in einem Kosakenchor und als Arbeiter kennt er nur zwei deutsche Wörter: »brauche und brauche nix« (Dunkel, 9), und selbst wenn er auf Russisch zu erzählen beginnt, unterbricht er sich immer wieder. Um mehr über ihn zu erfahren, muss Wodin von sich selbst erzählen, und zwar in der ersten Person Singular. Während »Sie kam aus Mariupol« die komplexe Erinnerung an die Geschichte der geheimnisvollen jungen Frau mit einer zu überraschenden Ergebnissen führenden Recherche verbindet, erzählt »Irgendwo in diesem Dunkel« in fiktiver Form Stationen aus dem Leben der Tochter nach dem Tod der Mutter, beginnend mit der Zeit in den »Häusern«, wo sie getrennt von der Welt der Deutschen lebte. Die Geschichte konzentriert sich auf die unheimliche, dunkle Stille der frühen 1960er Jahre. Wie ihre Eltern fühlt sie sich nirgendwo zu Hause. Kaum 16-jährig, ist sie neugierig und lebenshungrig, sie will in die Stadt, verzweifelt auf der Suche nach einer Form der Zugehörigkeit, um dem Zustand, der sie blockiert und ausgrenzt, zu entkommen. Weit entfernt und unerreichbar leben auf der einen Seite die Deutschen in ihren sorgfältig gepflegten Behausungen, während auf der anderen Seite, noch weiter vom Stadtzentrum entfernt, die »Zigeuner« in Holzhütten untergebracht sind: »Immer, seit ich denken konnte, war es ein Fluch für mich gewesen, das Kind meiner Eltern zu sein. Ich wollte nicht zu einer Welt außerhalb der Welt gehören, zu den Fremden, den Aussätzigen, die hinter der Stadt wohnten, von allen gemieden und verachtet, irgendein

Abschaum, von dem ich nicht wusste, wo er herkam und wie er entstanden war.« (Dunkel, 12)

Überall stößt sie auf Ablehnung und Schweigen, schon bei ihrem Vater und dann in der begehrten Welt der Deutschen. Sie wird gedemütigt, verspottet und sogar in der Schule verfolgt. Als sie versucht, der Segregation zu entfliehen, sperrt ihr Vater sie zunächst in ihr Zimmer ein und verbietet ihr dann, das Haus wieder zu betreten. Tage, Wochen, einen ganzen Sommer lang wandert das Mädchen umher, obdachlos und hungrig, verloren in Tagträumen und Liebesfantasien.

Die Protagonistin erzählt aber nicht nur von einer traumatischen Kindheit und Jugend, sondern enthüllt auch ein unbekanntes Deutschland der Nachkriegszeit, in dem die Tochter von Zwangsarbeitern wegen ihrer Herkunft üblen Beschimpfungen ausgesetzt war und zur Zielscheibe schlimmster Vorurteile gegenüber Russen wurde. Als das Mädchen die Schule abbricht, sucht niemand nach ihr, niemand vermisst sie. So schlittert sie ins Elend, irrt durch trostlose städtische Gegenden und wird schließlich Opfer einer Vergewaltigung. Dass es ihr trotz allem gelingt, einen Ausweg zu finden und sich von den Fesseln der Vergangenheit zu befreien, erscheint wie ein Wunder.[15] Sie durchläuft schmerzhafte Stationen, die am Ende – an den Anfang des Buches anknüpfend – auch ein Umdenken und eine Resemantisierung der Verbindung von Orten mit dem Leben auslösen. Als sie anlässlich der Beerdigung mit dem Auto an den ›echten‹ Ort ihrer tragischen und verleugneten Kindheit zurückkehrt, spürt sie, dass das, was sie nun sieht, sehr weit entfernt und anders ist, als es in ihrer Imagination war. In den ersten Sätzen offenbart die Annäherung an die »Häuser« plötzlich ungeahnte und unerwartete Transformationen des städtischen Organismus: »Im Vorbeifahren konnte ich sie nicht sofort entdecken. [...] Mich blickten ganz neue, pastellfarbene Fassaden mit modernen Kunststofffenstern an, hinter denen Wohnungen mit Zentralheizung und Warmwasser zu vermuten waren. Man hatte die Blocks nicht abgerissen, ganz im Gegenteil, man hatte sie saniert. Es erschien mir unwirklich, aber nun gehörten sie zur Stadt, waren eingebettet in ein belebtes Neubaugebiet. Wer jetzt hier wohnte, sah aus den Fenstern nicht in die Wildnis, in das Niemandsland, das zwischen uns und den Deutschen gelegen hatte, sondern auf ein Einkaufszentrum an einer stark befahrenen Straße. Der einst abseitige, wie aus der Welt verbannte Ort war in einer gewöhnlichen Wohnlandschaft aufgegangen, im Organismus der Stadt, die für mich, als ich in den fünfziger und sechziger Jahren hier gewohnt hatte, der unerreichbare Planet der Deutschen gewesen war.« (Dunkel, 7)

Wie zu Beginn des Romans bereits angedeutet, schließt sich hier in gewisser Weise der Kreis mit der Rückkehr zum Ausgangspunkt, der nach dem Experimentieren mit verschiedenen Formen der Bewegung wie Flucht, Versetzung, Pendeln und so weiter erreicht wird. Waren bei Kriegsende in weiten Teilen Deutschlands und Europas die Orte der konkreten Existenz von Individuen in Schutt und Asche gelegt, so nahmen die Städte mit dem Wiederaufbau ihre Funktion als Maschinen der Moderne wieder auf, die abreißen, re-funktionalisieren und manchmal die Verbindung zur historischen Erinnerung aufheben oder auslöschen. Die Autorin fragt auf verschiedenen Ebenen, narrativ und metanarrativ, wie die labyrinthischen und schmerzhaften Wege der Erinnerung erzählt und dargestellt werden können: »Was sehr schwer ist, ist für solche brutalen Vorgänge die Sprache und den Ton zu finden. Das ist dann sehr harte Arbeit. Das Entgleiten lauert überall. Da geht immer nur ein ganz bestimmtes Wort und kein anderes. Und das ist dann eine sehr, sehr anstrengende Arbeit, bei der ich mich manchmal frage: Mensch, warum tust du dir das eigentlich an.«[16]

Die Bewegungen der Protagonistin, die von kritischer Reflexion und Selbstkritik begleitet werden und mit historischen Prozessen interagieren, schaffen neue Verbindungen und bringen auch das Bedürfnis zum Ausdruck, die Vergangenheit wiederzuerlangen und zu verstehen. Nach der Zerstörung und nach dem Trauma kann sie an einem bestimmten Punkt fast einen Rausch erleben, nämlich den, sich in einem Moment der Geschichte zu befinden, »in dem alles beständig in Bewegung ist, einer Bewegung, die einen sinnlichen Schwebezustand erzeugt, das Gefühl, dass die Grenzen verschwimmen und man in körperlicher Berührung mit allem ist« (NG, 153).

1 Ottmar Ette: »ZwischenWeltenSchreiben. Literaturen ohne festen Wohnsitz«, Berlin 2005. — **2** Ottmar Ette: »ÜberLebenswissen. Die Aufgabe der Literatur«, Berlin 2004. — **3** »If we want to switch perspectives from a European history of space to a history of movement, then the literatures without a fixed abode will play a central part in the process of establishing this new perspective.« Ottmar Ette: »Urbanity and Literature – Cities as Transareal Spaces of Movement in Assia Djebar, Emine Sevgi Özdamar and Cécile Wajsbrot«, in: »European Review« 3 (2011), S. 367–383, hier S. 373. — **4** In dem 2021 erschienenen Roman »Nastjas Tränen« greift Wodin die Lebensgeschichte einer anderen Frau auf: einer Ukrainerin, die im Dschungel der Illegalität vieler ›Gastarbeiter‹ in Berlin landet und deren Erfahrungen unweigerlich an bereits gelebte schmerzhafte Geschichten erinnert. — **5** Natascha Wodin: »Irgendwo in diesem Dunkel«, Reinbek 2018, S. 79. Im Folgenden als »Dunkel« mit Seitenzahl im Fließtext zitiert. — **6** Natascha Wodin: »Die Ehe«, Leipzig 1997, S. 8. — **7** Ebd., S. 23. — **8** »Ähnlich wie Russland, so war Deutschland eine Art Innenland für mich. Ein Innenland, das jetzt zum Ausland wurde. Einem Land, in dem ich mich nicht auskannte, von dessen Wirklichkeit ich keine Ahnung hatte.« Natascha Wodin: »Die Ehe«, Leipzig 1997, S. 182. — **9** Natascha Wodin: »Die gläserne Stadt«, Reinbek 1983, S. 123. — **10** Zum Stadtliteraturdiskurs siehe Harald A. Mieg/Christoph Heyl (Hg.): »Stadt. Ein interdisziplinäres Handbuch«, Stuttgart 2013. — **11** »Die Wiedervereinigung der deutschen Luft scheint eine ungeahnte, lebensgefährliche Konzentration an Gift hervorzubringen. Gewohnheitsmäßig umschiffe ich Baustellen und Absperrungen […]. Es ist, als entströmte den aufgerissenen Eingeweiden der Stadt ein in Jahrhunderten aufgestauter

Gestank, die Leichenfäulnis von Generationen, die jetzt freigesetzt wird von den Baumaschinen.« Natascha Wodin: »Nachtgeschwister«, Reinbek 2018, S. 9. Im Folgenden wird aus diesem Roman mit der Angabe des Kürzels NG und der Seitenzahl im Fließtext zitiert. — **12** Natascha Wodin: »Sie kam aus Mariupol«, Reinbek 2017. Im Folgenden als »Mariupol« mit Seitenzahl im Fließtext zitiert. — **13** Erll definiert transkulturelle Erinnerung »as the incessant wandering of carriers, media, contents, forms, and practices of memory, their continual ›travels‹ and ongoing transformations through time and space, across social, linguistic and political borders.« Astrid Erll: »Travelling Memory«, in: »Parallax« 17, 4 (2011), S. 4–18, hier S. 11. — **14** Carlo Ginzburg: »Il filo e le tracce. Vero falso finto«, Mailand 2006, S. 11. Übersetzung der Verfasserin. — **15** »Irgendwo in diesem Dunkel« basiert auf Ereignissen, die auch in »Einmal lebt ich« erzählt werden. Natascha Wodin: »Einmal lebt ich«, Frankfurt/M. 1989. — **16** Natascha Wodin, zit. in Dirk Kruse: »Irgendwo in diesem Dunkel«, 2.10.2018. https://www.br.de/radio/bayern2/sendungen/regionalzeit-franken/buchtipp-natascha-wodin-102.html.

Hans-Christian Trepte

Natascha Wodin und Wolfgang Hilbig

Zur literarischen Zweisamkeit in der deutschen Einheit

1 »Vereint – Getrennt? Getrennt – vereint?«[1] Deutsch-deutsche Kontextualisierungen

Die Erfahrung, im sowjetischen Machtbereich leben zu müssen, haben auch die Ostdeutschen im ›realen Sozialismus‹ der DDR gemacht. Auf die häufig einseitige und zumeist klischeehafte Erfindung der DDR beziehungsweise Ostdeutschlands durch den Westen reagieren Schriftsteller:innen ostdeutscher wie nichtdeutscher Herkunft mit eigenen, zumeist mehr oder weniger biografisch gefärbten Darstellungen in einer engen Verschränkung mit der Geschichte beziehungsweise dem Geschichtlichen. Derartige »Erfindungen« beschrieb bereits Larry Wolf in seinem Buch »Inventing Eastern Europe: The Map of Civilization on the Mind of the Enlightenment«,[2] und zwar als ein bereits seit der Aufklärung weit verbreitetes Phänomen. Zumeist waren es Reisende, die den mentalen, nicht aber immer den geografisch gemeinten Osten entdeckten, vor allem dann, wenn dieser Osten sich in seinem Unterschied, in seiner différ*a*nce (Jacques Derrida), »grundsätzlich vom Westen unterschied«, wenn der Osten eben »all das war, was der Westen nicht war, und dem Westen über seinen Gegensatz zur Selbstdefinition verhelfen konnte«.[3]

Nach der Wiedervereinigung auch der beiden deutschen Literaturen wurde in einer relativ kurzen Zeit gesamtdeutscher Euphorie zunächst geglaubt, dass sich die Unterschiede zwischen der DDR-Literatur und der (alt-)bundesdeutschen Literatur schnell ausgleichen würden. Zunächst schien es tatsächlich so, als hätte »einer die Fenster aufgestoßen nach all den Jahren von Dumpfheit und Mief! [...]. Zugleich aber ließ die neue Freiheit den Einfluss der ostdeutschen Schriftstellerinnen und Schriftsteller radikal schwinden.«[4] Der Einigungseuphorie folgte die Enttäuschung auf dem Fuße. »Die Skepsis gegenüber der deutschen Wiedervereinigung unter westlichen Vorzeichen und das Fremdheitsgefühl zwischen Ost und West prägten einen Großteil der damaligen Literatur. [...] Nach kurzer Zeit merkte man, man ist sich politisch fremd, man ist sich auch kulturell fremd.«[5] Dieses Fremdsein beschrieb neben anderen Arne Born in seiner umfangreichen »Literaturgeschichte der deutschen Einheit 1989–2000. Fremdheit zwischen Ost und West«.[6] Die Wahrnehmungsmuster in Ost- und Westdeutschland unterschieden sich dabei merklich voneinander. Symptomatisch für die Irritationen und Fehlwahrnehmungen, die unter anderem aus aktuellen Interessenskonflikten wie auch aus der ungenügenden Verarbeitung unterschiedlicher historischer Erfahrungen im geteilten Deutschland resultieren, mag die Formel von der fortbestehenden »Mauer in den Köpfen« wie auch die zumeist pauschal geäußerten Meinung von der in den »neuen Ländern« vorherrschenden »Ostalgie« sein.[7] Die Klischees vom seelenlosen, geldversessenen Westen auf der einen Seite und des rückständigen, lethargischen Ostens auf der anderen sind Born zufolge zu Leitmotiven der ›Wendeliteratur‹ geworden. Dabei interessierte sich sowohl die Politik als auch das Leserpublikum im Westen herzlich wenig für die aus dem Ostteil Deutschlands hinzugekommenen Fremden.

»Die Ostler waren Menschen, die aus ganz großer Ferne kamen. Man hätte wahrscheinlich genauso gut sagen können, man kommt aus der Mongolei, und jeder Italiener, jeder Amerikaner, jeder Japaner wäre dem rheinländischen oder saarländischen Kind vertrauter oder näher gewesen. Dann stellte man sich lieber mit dem Rücken in diesen eisigen Wind, der da vom Osten her wehte.« Das schreibt die 1979 mit ihrer Mutter und Schwester in die Bundesrepublik übergesiedelte Schriftstellerin Julia Franck in ihrem bedrückenden Roman »Lagerfeuer«.[8] Auf den hier genannten »eisigen Wind aus dem Osten« soll nachfolgend noch eingegangen werden.

Das Gefühl der Fremdheit in der Heimat bestätigt auch die in Chemnitz geborene Schriftstellerin Kerstin Hensel, die das Motiv der Fremdheit mit ihrer Protagonistin Gabriela von Haßlau teilt und ihr eine hybride, eine doppelte Bedeutung beimisst. »Sie ist überall fremd. Sie war ja auch vorher fremd. Sie war fremd ihrer Familie, ihrer Arbeit, ihrem Dasein gegenüber. Und nach der Wende ist die Fremdheit nicht anders geworden, sie hat nur andere Zeichen bekommen. [Es ist] also eine Geschichte der permanenten Fremdheit oder der permanenten Suche nach Obdach, Obdach einer Liebe, einer Erfülltheit, eines Geborgenseins.«[9]

Literarische Werke, welche die Klischees der politisch-kulturellen Fremdheit kaum oder nicht bedienten wie zum Beispiel Jan Grohs Wenderoman »Colón«[10] oder Bernd Wagners selbstkritische Heimatromane »Paradies« und »Die Sintflut in Sachsen« sowie die Sammlung deutsch-deutscher Texte »Verlassene Werke. 1976–1985«,[11] passen kaum in dieses Schema und fanden zumeist nur geringe Beachtung. Zwangsläufig unterschieden sich die Sozialisation, die Erziehung, die Vermittlung von Werten, die Erlebnisse und Erfahrungen in Ost und West deutlich voneinander. Das betraf insbesondere auch Autor:innen nichtdeutscher Herkunft, deren literarische Reflexionen über das Jahr 1989 und den Vollzugsprozess der deutschen Einheit. Die deutsche Zweisamkeit in der Einheit Deutschlands gehört zweifelsohne zu den zentralen Themen der deutschsprachigen Literatur, sie ist darüber hinaus zugleich aber auch ein (gesamt-)europäisches Phänomen, und zwar ganz im Sinne von »Europas geteiltem Himmel«, so wie es der Historiker Norbert Mappes-Niediek beschrieben und analysiert hat.[12] »Durch die Geschichte hindurch blickt der Westen auf den Osten herab. [...] Umgekehrt fühlte sich der Osten vom westlichen Vorbild verkannt und geringgeschätzt, ärgerte sich über dessen Gleichgültigkeit und Arroganz. Die Konflikte werden gerade wieder aktuell.«[13]

Im Zusammenhang mit Mappes-Niedieks Publikation muss auch ein Schlüsselwerk der DDR-Literatur erwähnt werden, nämlich Christa Wolfs Erzählung »Der geteilte Himmel«.[14] Gerade dieser geteilte Himmel über Berlin, über Deutschland und Europa ist bis heute ein beliebtes literarisches Motiv geblieben. Neben zahlreichen anderen europäischen Gemeinsamkeiten unterscheiden uns in West- und Ost-Europa des Weiteren auch der Verlauf der Geschichte, die Kultur, das Verständnis von Staatsangehörigkeit und Nationalität, die Mentalität, Rituale, Ess- und Trinkgewohnheiten sowie das Verhältnis zu Migration und Integration. In dieser Hinsicht muss auch auf einen wichtigen Aspekt ostdeutscher Befindlichkeit verwiesen werden, nämlich die »Migrantisierung« der Ostdeutschen selbst. Im Frühjahr 2019 veröffentlichte das Deutsche Zentrum für Integrations- und Migrationsforschung e. V. die Studie »Ost-Migrantische Analogien I. Konkurrenz um Anerkennung«.[15] Diese Studie, die die symbolischen Abwertungs- und Anerkennungsprozesse von Muslimen und Ostdeutschen untersucht, hinterfragt auch deren Benachteiligungen und die Stereotype über sie. Zahlreiche »Demütigungen« und »Verletzungen« sind nach dem Vollzug der deutschen Einheit bis heute geblieben und bleiben unvergessen.[16] Ein wichtiger Ausgangspunkt für entsprechende Reflexionen mag das retrospektive Schreiben (*retrospective narrative*) sein. Es ist eine Erzählstrategie, die in einem engen Zusammenhang mit der Familiengeschichte, den Kindheitsmustern, den persönlichen Erinnerungen an die DDR, dem Erleben der Zäsur von 1989/1990, der Anpassung beziehungsweise dem Zurückgeworfensein auf eine nicht näher definierte Ost-Identität steht. Es ist häufig auch eine schmerzlich empfundene »Rückkehr an den Rand«,[17] die einhergeht mit Geschichten aus einem »versunkenen Land«. Dafür mag unter anderem Uwe Tellkamp mit seinen Romanen »Der Turm. Geschichten aus einem versunkenen Land« und »Der Schlaf in den Uhren«[18] exemplarisch stehen. Es sind Werke, die uns Einblicke in die Mechanismen der Politik zur Zeit der ›Wende‹ verschaffen. Dabei haben wir es oft mit einem »Zwiespalt der Erinnerung«[19] zu tun. So fühlt sich die in der DDR geborene Schriftstellerin und Übersetzerin Antje Rávik Strubel, die 2021 mit dem Deutschen Buchpreis ausgezeichnet wurde, »so manches Mal von den Wessis behandelt wie ein Indianer in Amerika«.[20] Dabei macht die Autorin eine aufschlussreiche gemeinsame Erzählperspektive in der deutschen Literatur aus: »Die bundesdeutsche Geschichte wurde seit der Nachwende-Zeit in einer Perspektive geschrieben, in der der Ossi als der Andere erschien, als Stereotyp, viktimisiert oder schuldbeladen, gern auch feminisiert; passiv, gefühlig, nostalgisch, die ›Jammerossis‹.«[21]

Strubel betont, dass solche Stereotype eine Unschärfe produzieren, vor der sich die westlichen bis in die kleinste Verästelung ausdifferenzierten Figuren dieser Gesellschaftsromane umso schärfer abheben. »Dieser gesamtdeutsche Großentwurf entwickelte eine solche Suggestionskraft, dass die Ossis selbst sich manchmal in dieser Unschärfe zu verlieren drohten. In vorauseilender Selbstverleugnung wurden Selbstermächtigungen, die Perspektive aufzusprengen, erstickt.«[22] Zu Recht verweist Strubel auf Jana Hensel, die 2002 bei der Vorstellung ihres Buches »Zonenkinder« in Leipzig für die Negation eines Wir geteert und gefedert wurde. In dieser Hinsicht waren die Ostdeutschen selbst auch eine besondere Art von in die (alte) BRD Hinzugekommene; fand sich doch auch die ostdeutsche Identität in einer gewissen Zwischenstellung, in einem vergleichbaren Zustand des »Dazwischen Ichs«,[23] nicht zuletzt auch eines Schreibens zwischen den Kulturen und Traditionen im Sinne von »Inbetweenness«.[24]

In den letzten Jahren hat sich die Wahrnehmung wie auch die literarische Konstruktion des ›Ostens‹ merklich verändert, ohne dabei gänzlich auf »ältere Deutungsmuster« und »Klischeevorstellungen« über eine »minderwertige, unzivilisierte und unkultivierte Region« verzichten zu wollen, die sich unter anderem auch in der Terminologie wie zum Beispiel »Ostzone«, »Ostblock«, »Osteuropa« zeigt.[25] Die Beschäftigung mit ostdeutscher Identität und Geschichte kann keinesfalls als beendet angesehen werden, ganz im Gegenteil, der »eastern turn« hält in der deutschsprachigen Literatur und Kultur, im deutsch-deutschen Kontext bis heute weiter an.[26] Nach wie vor gibt es ein »anhaltendes Machtgefälle zwischen Ost und West in der Literatur«, vor allem über das »Schreiben in der DDR«.[27] Das trifft zum Teil auch für die Generation der im Umfeld der Wiedervereinigung geborenen Ostdeutschen zu. Das Ostbewusstsein definiert sie dabei zumeist über drei Ebenen: 1. In der Bewusstwerdung darüber, dass man ostdeutsch ist. 2. In einem wachsenden ostdeutschen Selbstbewusstsein. 3. In einer Aufforderung, dazu ganz bewusst auch nach außen zu stehen.[28] Das Reden und Schreiben über die DDR verändert sich in dem Maß wie die deutsche Zweisamkeit in der deutschen Einheit fortdauert. So meinte zunächst Christoph Hein, dass der Prozess der Wiedervereinigung [...] wohl an die »40 Jahre« dauern würde, um sich dann aber selbst zu korrigieren: »Es wird mehr als 100 Jahre dauern.«[29] Vielleicht ist es aber auch gut so, meinte Hein, solch »eine innere Vielfalt zu haben und auf diese zu bestehen«.[30]

Interessant und aufschlussreich sind literarische Werke von Schriftsteller:innen, die die DDR nicht mehr bewusst erlebt haben, aber dennoch über ein nachgeborenes Ostempfinden mit entsprechenden Verlusten, Verwerfungen und einer verletzten Seele in einem zerrissenen Land verfügen. Zu ihnen gehören auch Autor:innen nichtdeutscher Herkunft, so unter anderem die 1978 im Irak geborene und seit 1997 in Deutschland lebende Karosh Taha. Mit ihrem aus zwei unterschiedlichen Welten erzählten Roman »Im Bauch der Königin«,[31] in dem sie die Lebensgeschichten von Amal erzählt, die mit ihren Eltern nach Deutschland ausgewandert ist, und von Shahira, deren Geschichte in einem »Wendebuch« aufgeschrieben wird, versucht sie beide Seiten und die von ihnen vertretenen Meinungen beziehungsweise Auffassungen vorzustellen. Für Sasha Marianna Salzmann, 1985 in Wolgograd geboren und als Kind nach Ostdeutschland gekommen, spielt wiederum die Sexualität für ihre Identität eine entscheidende Rolle. Sie fühlt sich (post-)migrantisch, jüdisch, queer, nicht binär, nicht hetero und weiß. In ihrem Roman »Außer sich«[32] schreibt sie über eine aus der Sowjetunion nach Ostdeutschland gekommene Familie, die ihre zuvor gemachten Erfahrungen, ihre eigenen Lebensweisen nunmehr in Deutschland einbringen möchte. Auffallend viele Schriftsteller:innen vertreten die Meinung, dass »Migration« generell ein »universelles Thema«, aber auch ein »dankbarer Fundus« ist, aus dem man sich literarisch immer wieder »bedient«.[33]

Wenig Beachtung findet in der bisherigen Forschung die »Realität der ostdeutschen Migrationsgesellschaft«; so mangelt es immer noch an Erinnerungen und Perspektiven ostdeutscher Migranten und Vertragsarbeiter aus dem »Erfahrungsraum DDR«.[34] Eine Publikation mit dem Titel »›… die DDR schien mir eine Verheißung‹. Migrantinnen und Migranten in der DDR und Ostdeutschland«[35] versucht dieses Defizit wenigstens teilweise ein wenig auszugleichen. Das Buch umfasst 16 Lebenserzählungen von Menschen aus neun unterschiedlichen Ländern, die aus verschiedenen Gründen in der Zeit von 1966 bis 1989 in die DDR gekommen waren, dort die ›Wende‹ miterlebten und auch danach in Ostdeutschland verblieben. Im Roman »Ferne Gestade«[36] erzählt der Literaturnobelpreisträger Abdulrazak Gurnah über das Leben eines tansanischen Studenten in der DDR und thematisiert dabei Flucht, Kolonialismus, Rassismus, Ausgrenzung und Diskriminierung besonders eindringlich. Die in Berlin aufgewachsene vietnamesische Journalistin (sie arbeitet unter anderem für das »ZEIT-Magazin«) und Schriftstellerin Khuê Pham gibt in ihrem Debütroman »Wo auch immer ihr seid«[37] Auskunft über die Geschichte einer zwischen den Kulturen stehenden deutsch-vietnamesischen Familie.

2 »Nachtgeschwister« in der »Zugluft Europas«?[38]

Deutsch-deutsche wie europäische Befindlichkeiten und der Ost-West-Gegensatz werden im Schreiben von Natascha Wodin kontinuierlich aufgegriffen und künstlerisch-literarisch zum Ausdruck gebracht. Dabei erhält der Vergleich, sich in die »Zugluft Europas« gestellt zu fühlen, eine symbolische Aufwertung. Natascha Wodin gelingt es geschickt und tiefschürfend, das deutsch-deutsche Verhältnis im Umfeld der friedlichen Revolution in der DDR, dem Mauerfall und der Wiedervereinigung zu analysieren.[39]

Ihr ursprünglicher Name Natalja Nikolajewna Wdowina wird phonetisch und orthografisch dem Deutschen angepasst. Ihren neuen Namen, Natascha Wodin, trägt sie wie einen auferlegten »Buckel«[40]. Anders als bei vielen anderen deutsch-deutschen Autor:innen können wir bei Wodin von einer mehrfach gefilterten Sicht und Erfahrung, einer russischen, ukrainischen, west- und ostdeutschen ausgehen. In dieser Beziehung haben wir es auch mit einer deutlich differenzierteren Annäherung, einer besonderen, vielseitigen literarischen Reflexion deutsch-deutscher Befindlichkeiten zu tun, die sich unter anderem in einem besonders aufmerksamen, sorgfältigen und sensiblen deutschen Schreibstil äußert. Im Prisma dieser mehrfachen Brechung kommt es nicht nur zu einer differenzierteren Analyse und Veranschaulichung der deutsch-deutschen Problematik im gesamteuropäischen Kontext, sondern auch zu aufschlussreichen Vergleichen der DDR beziehungsweise ostdeutscher Realitäten mit sowjetisch-russischen.

Ein paradigmatisches Beispiel dafür ist Wodins Roman »Nachtgeschwister«[41] aus dem Jahr 2009, in dem historische und soziale Prozesse ebenso wie auch individuelle Charaktere einer mit der deutschen und osteuropäischen Zeitenwende von 1989 im Umbruch begriffenen Epoche in einer nachhaltigen Art und Weise erfasst werden. Während der Lektüre von Wodins Roman denke ich erneut an das bereits erwähnte Schlüsselwerk der DDR-Literatur, nämlich Christa Wolfs Erzählung »Der geteilte Himmel«. Die Autorin hatte damals nach einer »Überidee« für ihre Liebesgeschichte gesucht, die sie letztendlich in der Zeitgeschichte fand; und so bettete sie ihre Romeo-und-Julia-Geschichte in einen zeithistorischen Prozess im Umfeld des Baus der Berliner Mauer ein, die das deutsche Liebespaar Rita Seidel und Manfred Herrfurth auf tragische Weise trennt.[42] Während wir es bei Christa Wolf mit einer fiktionalen Liebesgeschichte zu tun haben, können wir bei Natascha Wodin von einer realen Liebesgeschichte zwischen Ost und West ausgehen.

1986 hatten sich Natascha Wodin, Tochter ukrainischer Zwangsarbeiter, und der Dichter aus der DDR, Wolfgang Hilbig, der mit einem Jahresvisum in die BRD gekommen war, kennengelernt. Von 1994 bis 2002 waren Wodin und Hilbig verheiratet. Dabei hatte Natascha Wodin bereits 1993 begonnen, über diese eigenartige Verbindung zu schreiben. Allerdings kann diese in »Nachtgeschwister« ebenso wie in Hilbigs Roman »Das Provisorium«[43] aufgegriffene seltsame Liebesbeziehung durch eine Verbindung beider Werke in ihrer Motivik, Thematik und Perspektive erhellt und ergänzt werden. Das passiert unter anderem im Radiohörspiel »Nachtgeschwister – provisorisch«, in dem tatsächlich beide literarischen Werke miteinander verknüpft werden.[44]

Was war es, das Wodin an jenem Menschen aus dem Osten Deutschlands so fasziniert? War es vielleicht auch seine familiäre Herkunft aus dem ›Osten‹ wie auch die beiderseitig im Westen empfundene »Unzugehörigkeit«, welche die »Russin« mit dem »Ossi« verband? War sich die Erzählerin überhaupt dessen bewusst, dass der bereits thematisierte »eisige Ostwind« auch in Jakob Stumms Lebenslauf zu spüren war, in erster Linie in der Gestalt von »Hilbigs Großvater mütterlicherseits, Kazimierz Starlek«, »Kaschie« gerufen, der »polnisch-ukrainische Wurzeln« hatte und noch vor dem Ersten Weltkrieg aus dem »galizischen Bilgoraj« auf Arbeitssuche nach Meuselwitz gekommen war? Sicher war dies unter anderem ein triftiger Grund dafür, dass Hilbig seine Herkunft aus dem Osten »mit fast mythischen Zügen« betrachtete. Das am eigenen Leib erlebte Trauma der Heimatlosigkeit und Fremdheit von Wodin als »Russenkind«, als »Russla« (NG, 37) mit ihrer vererbten »slawischen Mentalität« und Hilbig als »Ossi« in Westdeutschland stellt zweifelsohne auch eine wichtige Verbindungsachse zwischen beiden Protagonisten sowohl in Wodins »Nachtgeschwister« als auch in Hilbigs »Das Provisorium« dar.

Wodins Romantitel »Nachtgeschwister« kann zunächst auf die speziellen Verschränkungen des Autobiografischen mit dem Historischen zurückgeführt werden, auf jene »Gewalt, die sich in ihrem Leben und in dem ihrer Eltern äußert«, die ein »Teil der Gewalterfahrung des 20. Jahrhunderts« reflektiert.[45] Immer wieder scheinen die düsteren, traumatischen Ereignisse der Kindheit auf. »Wer sich auf die Lektüre ihrer Bücher einlässt, wird mit den Schattenseiten der menschlichen Existenz und der Geschichte konfrontiert. Das lassen schon Titel wie ›Nachtgeschwister‹ oder eben ›Irgendwo in diesem Dunkel‹ ahnen.«[46] Der Titel ist aber auch auf den besonderen Lebensrhythmus Wolfgang Hilbigs zurückzuführen, den sich Wodin später als Nachtmensch zu eigen gemacht hat. Aufgrund ihrer Familiengeschichte und ihrer in Westdeutschland wie auch in Ostdeutschland gemachten Erfahrungen, verfügt Wodin ebenso wie ihre Erzählerin über unterschiedliche Ost-West-Erfahrungen. Ihre individuelle, zuweilen sehr persönliche Sicht wird zweifelsohne durch ihre besonderen Beziehungen zum aus der DDR stammenden Schriftsteller Wolfgang Hilbig entsprechend bereichert, hinterfragt, ergänzt, kontrastiert, kritisiert und zum Teil konterkariert. Privat-Persönliches wie auch Intimes finden mit dieser ungewöhnlichen, komplizierten

Ost-West-Liebesgeschichte Eingang in das überaus komplizierte Verhältnis zweier »Nachtgeschöpfe«. Wodin, von nun an »vielmehr Eule als Lerche«,[47] reflektiert mit ihrer verqueren Beziehung auf überzeugende Art und Weise auch das angespannte Ost-West-Verhältnis. Dabei passt das Nachtleben »prägnant zu ihr, diese zum realen Lebensrhythmus gewordene Metapher. Das Außenseitertum, das Zwischendenweltensein, ebenso wie eine fundamentale Heimatlosigkeit scheint in ihre Biographie geradezu eintätowiert zu sein, von Anfang an wird es zu ihrem Kasper-Hauser-Syndrom.«[48]

Die Möglichkeit eine adäquate Heimat zu finden, ist für die Autorin ebenso wie auch für Hilbig eben das Schreiben. »Mit anderen Worten, zwei Quadratmeter Schreibtisch«,[49] wie auch die deutsche Sprache, in der sie denkt, träumt und schreibt. Und dennoch führen die beiden Sprachen, das Russische, das die Erzählerin wie auch Wodin als Kind gesprochen hat, und das erworbene Deutsche eine friedliche Koexistenz, waren auch die Welten, in denen diese beiden Sprachen gesprochen wurden, deutlich voneinander getrennt. Die sprachlichen Welten stellen dabei eine ständige Herausforderung dar, sie werden zum Antrieb für das literarische Schreiben überhaupt, in dem »Fremdheit als existentielles, subjektives Gefühl ebenso wie als frühe Erfahrung einer abweisenden, geschlossenen, feindseligen Gesellschaft thematisiert wird«.[50] Die Grenze zwischen den Sprachen war darüber hinaus aber auch eine Grenze zwischen der westlichen Welt und der Welt, die durch das gesamte Leben der Erzählerin verläuft. »Nachtgeschwister« kann in diesem Sinne auch als eine Liebesgeschichte an und auf der Grenze angesehen werden, so wie sie bereits in William Shakespeares »Romeo und Julia« erzählt wird. Bei Wodin allerdings nicht im Kontext zweier verfeindeter Elternhäuser, sondern zweier feindlicher politischer Systeme, Ideologien und unterschiedlicher Wertvorstellungen.[51] Der Liebesdiskurs erfährt in Wodins »Nachtgeschwister« eine politisch-ideologische »kommunikative Dimension«, er gerät zu einer »Geschichte der Vergeblichkeit, die Worte und Zeichen der Liebe festzulegen«.[52] Es war eben die »deutsch-deutsche Grenze«, die »die Literatur der Zweistaatlichkeit« prägte, die bis heute eigenwillige, besondere »narrative Modelle« hervorbringt; auf diese Weise entsteht eben eine »Literatur der Grenze, die einen grenzüberschreitenden Diskurs etabliert und ihn ästhetisch gestaltet«.[53]

In diesem Beitrag möchte ich mich auf eine detaillierte Untersuchung deutsch-deutscher Beziehungen wie auch die Thematisierung von Ost-West-Befindlichkeiten in Natascha Wodins Roman »Nachtgeschwister« konzentrieren und ihn als ein zentrales Werk einer ambivalent erscheinenden ost-westlichen Aufarbeitungsliteratur analysieren. Wodin erhielt für ihren »herausragenden Roman« 2009 zum zweiten Mal den Brüder-Grimm-Preis der Stadt Hanau für die »stilistischen Qualitäten und die emotionale Kraft« ihres Werkes.[54] Hinzu kam im Jahre 2021 der Gisela-Elsner-Literaturpreis für ein »vielschichtiges, sprachlich brillantes Werk«.[55] Die ethnisch-kulturelle und soziale Herkunft, die Lebensgeschichte der Autorin wie auch ihre reale Dichterliebe zum stets rast-, heimatlos und zerrissen erscheinenden Wolfgang Hilbig spielen darin eine zentrale Rolle. Dabei ist die »real existierende Dichterliebe Ost-West« beziehungsweise das »Literarische Paar: Natascha Wodin und Wolfgang Hilbig« zweifelsohne von ganz besonderem, aufschlussreichem Interesse. Sowohl in Wodins »Nachtgeschwister« als auch in Hilbigs »Das Provisorium« sind die persönlichen Schicksalswege der Autorin beziehungsweise des Autors nur wenig von denen ihrer literarischen Figuren Jakob Stumm beziehungsweise Hedda Rast zu trennen, die unverkennbar als »Doppelgänger« zu erkennen sind. In ihrer beidseitigen Verletzbarkeit und Verlorenheit, im Gefühl des Ausgestoßenseins sehen sie sich als marginalisierte Schicksalsgefährten, auch mit ihren sprechenden Namen: Jakob Stumm bei Wodin, »ein Dichter, der ausgerechnet Stumm hieß« (NG, 14) und sich zugleich auch auf seine deutsche Herkunft als »Stummer« (russisch: немец, Nemec) beziehen kann. Jakob Stumm heißt wahrscheinlich auch so, weil er nur wenig über sich und das von ihm Erlebte, Erfahrene spricht und aus diesem Grunde auch schreiben muss. Auch bei Hilbigs Protagonistin Hedda Rast haben wir es mit einem sprechenden Namen zu tun, und zwar im Sinne von Rasten. Hans-Christian Stillmark stellt diesbezüglich fest, dass es ihm bei seinem gewählten Untersuchungsthema über literarische Paare »zunächst nur scheinbar um eine deutsch-deutsche Relation« geht, dass es bei »genauerer Sicht« viel mehr als nur »eine Ost-West-Geschichte« ist. Es ist eine seltsame, geradezu toxisch anmutende Geschichte von zwei Königskindern, von einer real existierenden Seelenverwandtschaft in Zeiten des Niedergangs der DDR, des Mauerfalls und der Wiedervereinigung. Zweifelsfrei waren es aber auch die Literatur, das Schreiben, das Überwinden der Sprachlosigkeit wie die eigene Zerrissenheit, die verfinsterten eigenen Biografien. Es war die Vergangenheit, die beide eigentlich zu dem gemacht hatte, was sie später geworden waren. Sie vermochten kaum aus eigener Kraft zu leben, dieses Gefühl war neben dem Schreiben die wohl innigste Gemeinsamkeit, zugleich stellte sie aber auch die ganze Unmöglichkeit zwischen ihnen dar. Zwar fühlten sich beide Dichter in der Seele verwandt, dennoch blieben sie sich fremd, sie waren entwurzelt, ausgegrenzt und degradiert; in ihrem eigenwilligen Dazwischenleben waren sie erneut zu Displaced Persons geworden.

Seinen literarischen Sinn gewinnt der Roman mit Hilfe zweier erzählerischer Voraussetzungen: der Zeitgeschichte, dem orientierungs- und heimatlosen Lavieren von Jakob Stumm zwischen den Welten und der Thematisierung eines besonderen Künstlerdaseins. Mit dem Fall der Mauer verschwand für Wodins Erzählerin jene Grenze, »die durch mein ganzes Leben verlaufen war, durch meine Gedanken, meine Gefühle, durch meine

Nerven und Zellen, eine Grenze, die, ohne dass ich es bemerkt hatte, meine Identität geworden war, so etwas wie meine Heimat.« (NG, 13) Eine fließende, oft unbestimmte Identität kann ebenso wie auch die Grenze zur Heimat werden, nicht aber, wie zu vermuten wäre, die angeeignete deutsche (Schreib-)Sprache. Mit dem Fall der Mauer und des Eisernen Vorhangs rückten plötzlich all jene zuvor unerreichbaren Sehnsuchtsorte in greifbare Nähe. Die unüberwindliche Grenze hat die Vorstellung von einem ›goldenen Westen‹, vom geradezu paradiesisch anmutenden ›Jenseits‹ auf der anderen Seite von Mauer und Stacheldraht als einem Ort der Sehnsucht eben erst ermöglicht, und dieser Ort der Hoffnung existierte so lange wie er durch die Grenze unerreichbar blieb. Es war auch diese Grenze, die den Glauben aufrechterhielt, dass es dahinter eine bessere Welt als die eigene zu geben schien. Endlich in dieser besseren, anderen, schöneren neuen Welt angekommen, verlor sie nach und nach ihren goldenen Schein, aber auch ihre tröstende Funktion.

Die geteilte Stadt Berlin wird letztlich zu einem symbolischen Ort für beide im »dunklen Spalt zwischen den Welten« (NG, 20). Das Motiv des »Himmels über Berlin« taucht auch in Wodins Roman auf: »Im ersten Winter in Berlin hatte ich mir nicht vorstellen können, dass es über der Stadt einen Himmel gibt, jetzt wölbte er sich hellblau über den Dächern, leicht, fast südlich« (NG, 125). In dieser Zwischenwelt etabliert sich neben den noch existierenden ostdeutschen Kneipen, die »Bockwürste, russische Soljanka und polnischen Bigosch« (gemeint ist Bigos) anbieten, bereits die neue kulinarische Welt, die »Nouvelle Cuisine« (NG, 126). Überall beginnt die westliche Übernahme, die Zwangsentmietung und Gentrifizierung.

Traumatische Erinnerungen aus der Kindheit der Protagonistin scheinen im Zusammenhang mit der ostdeutschen Wirklichkeit unerwartet auf: »Wir gingen durch die dunkle, eisige Schlucht des fast menschenleeren Alexanderplatzes, über den nur ab und zu ein Auto fuhr, mit schwachen Scheinwerfern hineinleuchtend in die Welt des Kommunismus, wo man seit jeher auf mich wartete, um an mir Rache zu nehmen für den Verrat meiner Eltern, die anstatt den Heldentod fürs Vaterland zu sterben, für die Rüstungsindustrie des deutschen Kriegsfeindes gearbeitet hatten.« (NG, 28) Es ist auch Leipzig, die Stadt von Jakob Stumm, die nunmehr auch eine besondere Bedeutung im Leben der Erzählerin erhält: »Mein Leben hatte einst in Leipzig begonnen, im Körper einer jungen ukrainischen Zwangsarbeiterin, die, interniert in einem Außenlager des KZs Buchenwald, für einen Rüstungsbetrieb des Flickkonzerns arbeiten musste, eine der Zahllosen, die die Nazis während des Krieges aus ihren östlichen Heimatländern nach Deutschland verschleppt hatten, zur Zwangsarbeit.« (NG, 19) Fast immer sind es überaus bedrückende, finstere Erinnerungsbilder, die albtraumartig auch im Schlaf auftauchen: »Ich schwebe jetzt über dem Fluss hinter den Lagerblocks, in dem meine Mutter sich ertränkte, als ich zehn Jahre alt war.« (NG, 117)

In Konfrontation mit der ostdeutschen Wirklichkeit werden die Erinnerungsbilder immer wieder eingeblendet, verschüttet geglaubte Erinnerungen werden wieder wach. Immerhin mutet das andere Deutschland östlich an, es erinnert unter anderem auch an Russland. »Das Deutsche und das Russische, das in mir selbst immer ein antipodischer Gegensatz geblieben war, waren ineinander übergegangen, waren eine Einheit geworden.« (NG, 27) Es öffneten sich die Grenzen zu jenem Teil der Welt, aus der die Eltern der Protagonistin kamen. Und in diesem Kontext taucht erneut die Metapher vom kalten Wind aus dem Osten, von der Zugluft auf: »Der eisige Wind, der sich hier zwischen den dunklen Gebäudekolossen herumtrieb, schien mir bereits aus Russland zu kommen, aus dem Totenreich der sibirischen Lager, wo die Schwester meiner Mutter einst für immer verschollen war.« (NG, 28)

Auch wenn Wodins Protagonistin sich mit dem Osten identifiziert, hat Jakob Stumm ein ambivalentes Verhältnis zu seiner Partnerin: Sie war einerseits »die Russin«, zugleich aber auch eine »Wessi«. Sie gehörte zu all den besserwisserischen »Westmenschen«, zu denen man besser kein Vertrauen haben sollte, die den Ostler gerne ignorierten, kleinmachten, ihm Minderwertigkeitskomplexe einredeten, ihn ausnutzten (vgl. NG, 76). In der kalten »Fremde des Westens«, in der »Welt der Herrenmenschen«, die er in den Westdeutschen sah, in einer »kalten, gleichgültigen Freiheit«, verliert Stumm »jede Orientierung, jeden Halt«, findet er als »Schiffbrüchiger« nur noch im »Alkohol Zuflucht« (NG, 76). Auf diese Art und Weise offenbart sich die ganze Doppelbödigkeit, der gespaltene, schizophrene Charakter des Jakob Stumm, sein Hass auf die DDR, eine DDR die er aber zugleich auch als Bezugspunkt, als Stoff und Motiv, als »ureigenes Plankton« (NG, 130) für sein schriftstellerisches Schaffen braucht. Dabei blieb Stumm auch im Osten »genau derselbe Fremde« wie »im Westen«, er hat »keine Beziehungen, keine Freundschaften und keine Feindschaften« (NG, 130). Rückblickend bezeichnet er seine Herkunft aus dem einfachen, rohen Arbeitermilieu als »infernalisch«; »infernalisch« erscheint auch die alltägliche Konfrontation mit den verseuchten, apokalyptischen Industrielandschaften rund um Leipzig, »apokalyptisch« waren aber zugleich die Zwänge, die Vormundschaft, die Bespitzelung durch den repressiven, diktatorischen »vormundschaftlichen Staat«.[56]

Der Osten hat auch seine eigene Ästhetik, die sich unter anderem in einer besonderen Tristesse zeigt. Stumm schien auch in seinem äußeren Erscheinungsbild der Auffassung vom grauen, geschmacklosen Osten zu entsprechen: »Er trug eine alte, speckige Jeans, einen billigen grauen Synthetikpullover, einen von denen, die im Dunkeln Funken schlugen, abgetragene braune Schnürschuhe […].« (NG, 65) Auch hatte der Osten einen eigenen, seltsamen, unangenehmen Geruch. Es war der »infernalische Gestank« von Böhlen, Espenhain und Bitterfeld, den Wodin während ihres ersten in Ostberlin verbrachten Winters verspürte. Bitterfeld geriet dabei zu einer Metapher, verwandelte sich doch die Küche von Stumm und der Erzählerin »in eine Art qualmendes Bitterfeld«, da Stumm »eine Gauloise nach der anderen rauchte« (NG, 73). Es war aber auch der beißende Rauch der Kohleheizungen, »wo mir sofort der Geruch nach Moskau in die Nase stieß«, äußert die Erzählerin, ein markanter Gestank, der nach der Wiedervereinigung eine zusätzliche Verstärkung, eine ebenso unangenehme Note erfuhr: »Qualm, Ruß und Gestank der verheizten ostdeutschen Braunkohle gehen hier eine infernalische Symbiose mit den Ausstößen der neuen Westwagen ein, die jetzt auch hier die Straßen verstopfen.« (NG, 9) Selbst in den Häusern, in den Fluren und Wohnungen gab es andere Gerüche im Osten: »Es roch nach Keller, nach verbranntem Fett […].« (NG, 36)

Die Wahrnehmung der DDR beziehungsweise Ostdeutschlands ist in Wodins Roman allerdings ambivalent. Dabei bewegt sich die Erzählerin zwischen einem aufrichtigen Mitgefühl einerseits und distanzierender Abgrenzung anderseits. Sie empfindet Empathie für alle Wendeverlierer, die »auf der Strecke geblieben sind, die ihre alten Arbeitsstellen verloren und den Anschluss an die neue Gesellschaft nicht geschafft haben, Wendeabfall, abgewickelte, entsorgte Menschen« (NG, 9). Andererseits erkennt sie sehr schnell auch all jene Wendegewinner, die schon bald »einen neuen Abenteuerspielplatz gefunden haben […], die so schnell in eine westdeutsche Antihaut geschlüpft sind« (NG, 10). Das wiedervereinte Berlin verharrt nach der Wiedervereinigung in einem Stadium des Dazwischenseins. »Ist das noch der Osten oder schon der Westen, ist es die Vergangenheit oder schon die Zukunft? Ich weiß nur, dass ich in einer Welt des Verschwindens bin […], ich fühle mich wie die letzte Zeugin einer untergehenden Realität, ihre einzige Protokollantin; ich befinde mich in einem ständigen Wettlauf mit der Zeit, der ich entreißen muss, was unentwegt zu Ende geht.« (NG, 11) Dabei ist die menschliche Übernahme durch den Westen auch in Berlin bereits im vollen Gange. »Im Unsichtbaren« musste eine »gigantische Maschine laufen«, deren alleinige Aufgabe die Gehirnwäsche war, die darin bestand »die Gehirnfunktionen der sechzehn Millionen DDR-Bürger so umzuprogrammieren, dass sie zu leistungswilligen Mitgliedern einer kapitalistischen Gesellschaft werden […], die Maske zu ihrer Natur zu machen, das Künstliche zum Selbstverständlichen, das man nicht mehr bemerkt« (NG, 141). Zunehmend stürzen die »neuen, leichtgläubigen Mitglieder der Marktwirtschaft«, von den »buntbedruckten Hochglanzblättern« verführt in den Strudel eines abrupten »Weltenwechsels«, in eine schöngefärbte, neue Welt (NG, 46). Bald schon erkennt die Erzählerin auch die folgenschwere Diskriminierung der ehemaligen DDR-Bürger: »Jeder Westdeutsche darf seinem ostdeutschen Landsmann öffentlich die Gesinnungsfrage stellen, das gehörte zur politischen Korrektheit; jeder Exbewohner der DDR [...] ist verdächtig, ein potentieller Angeklagter, der dem westdeutschen Rechtstaat in Gestalt eines x-beliebigen Wichtigtuers und Medienschwätzers seine Unschuld beweisen muss. Niemand stellt den westdeutschen Inquisitoren die Gegenfrage nach deren Moral, nach deren Lebensläufen. [...]. Man spricht so mit den Leuten, als hätte die einzige Dauerfrage ihres Lebens darin bestanden, ob sie für oder gegen den Staat waren, darüber hinaus will niemand etwas von ihrem Leben in der DDR wissen.« (NG, 58) Ein Befund, dem fast jeder Ostdeutsche zustimmen kann. Und so kommt sich die Erzählerin erneut vor »wie eine Lauscherin, eine Spionin in einer fremden, in sich geschlossenen Welt«, es ist eine Welt, die sich vor ihr »verbergen will«; wahrgenommen als »Westdeutsche« und auch »als Russin«, scheint sie im Osten »alles existierende Übel, die alte und die neue Besatzungsmacht in einer Person« (NG, 49) zu verkörpern.

Die Erzählerin begegnet in Deutschland »nur solchen Russen«, die entweder das Los ihrer »verschleppten Eltern teilten oder die mit einer offiziellen Delegation nach Deutschland kamen« (NG, 82). Der Osten war in den Westen gekommen, die russische und die westdeutsche Vergangenheit wurde wieder präsent: »Es war, als würde mir meine Kindheit entgegenkommen. Die vier quadratisch angeordneten Wohnblocks waren höher, massiver als die primitiven, einstöckigen Steinbaracken, in die man uns einst aus einem Sammellager für Displaced Persons umgesiedelt hatte, aber offenbar hatte man beide Wohnanlagen nach ein und demselben architektonischen Muster gebaut.« (NG, 93) Die Spule des Lebens scheint sich, seit die Erzählerin Jakob Stumm kennengelernt hat, »nach rückwärts zu drehen [...], in die Vergangenheit, in die Finsternis, in die Rohheit meiner Kindheit, in eine Welt, der ich mich für immer entronnen glaubte und die mir nun in diesem Hof wieder entgegenzukommen schien« (NG, 93). Russland schien in Berlins Osten geradezu zum Greifen nahe, mit den »berüchtigten Plattenbauten von Marzahn«, dem »sowjetischen Ehrenmal« im Treptower Park, an dem »eine in Tüll versinkende russische Braut ihren Brautstrauß niederlegte«, wie auch auf dem Lichtenberger Bahnhof, »von dem die Züge nach Moskau abfuhren und auf dessen Bahnsteigen man bereits in Russland war«; hier in Berlin schloss sich für die Erzählerin »der Kreis des Lebens« (NG, 256). Nach der Wende wurden »Durchsagen in Berliner Kaufhäusern zweisprachig gemacht, auf Deutsch und auf Russisch, an Kiosken werden russische Zeitungen verkauft, immer mehr russische Geschäfte werden eröffnet, auf den Straßen begegnet man jungen russischen Familien mit Kindern, ich wohne in einem Haus, in dem russische Prostituierte arbeiten [...].« (NG, 82) Die russische Sprache war in Berlin zunehmend präsent, sie wurde für die Übersetzerin russischer Krimis aber auch zu einem neuen Broterwerb. Dabei musste sie auch »das Newspeak der postsozialistischen russischen Gesellschaft« in der deutschen Sprache reproduzieren, »Übersetzungen für Wörter finden, die in keinem Wörterbuch stehen, da sie einer flüchtigen, absurden Übergangssprache angehören« (NG, 60). Allerdings gab es zahlreiche Entsprechungen im verquasten offiziellen Sprachgebrauch der DDR, ein Idiom, das der Schriftsteller Stefan Heym als »Hoch-DDRsch« beziehungsweise »parteichinesisches Kauderwelsch« bezeichnete.[57] Dabei blieben allerdings für die Westler die Eigentümlichkeiten des DDR-Deutsch weitgehend unbekannt, seine »Sprachchiffren und Stichworte« (NG, 65) werden kaum verstanden. Vor allem der sächsische Dialekt schien stellvertretend für die Sprache des Ostens zu stehen.

In Wodins Roman ist es Jakob Stumm mit seiner »Sprache der sächsischen Arbeiter, vermischt mit den wüsten Flüchen seines polnischen Großvaters, der der Schrift nicht mächtig war« (NG, 71). Noch nie hatten die Erzählerin derartige »Laute eines so drastischen sächsischen Dialekts erreicht« (NG, 61). Dabei schien es fast unmöglich zu sein, »dass es sich bei dem stammelnden sächsischen Wesen, das mich am Vortage angerufen hatte, um den sprachgewaltigen Dichter Jakob Stumm gehandelt hatte« (NG, 62). Schlimmer noch, das »wüste« Sächsisch schien »einer Fremdsprache« zu gleichen, das sächsische Idiom geradezu das literarische Deutsch zu verdrängen. Hans-Christian Stillmark weist richtig darauf hin, dass der 1941 in Meuselwitz geborene Hilbig »der regionalen Herkunft kein Sachse, sondern Thüringer« war; seiner Mundart nach wurde er allerdings »mit großer Übereinstimmung als Sachse identifiziert«.[58] In Berlin kommt das deftige Berlinerische hinzu: »Hamse keene Ooochn im Kopp? Noch so ne Egoistin, ausm Westen herjeloofn Jesindel … Ihr jehört alle ins Jefängnis …« (NG, 153) Allein die deutsche Schriftsprache schien für Wodin wie für Hilbig, trotz aller Unterschiede, einen »gemeinsamen Kosmos« zu bilden, den sie ansonsten nicht besaßen, hatten sie doch »ihre Leben auf verschiedenen Seiten der Welt gelebt«. »Mehr und mehr begriff ich, dass ich vom Leben in der DDR überhaupt nichts wusste, so wie Jakob nichts wusste vom Leben im Westen, wir waren voller Unwägbarkeiten und blinder Flecke füreinander« (NG, 104), äußert Wodins Erzählerin. Aber selbst die einende deutsche Sprache kann in ihren, zumeist politisch-ideologisch begründenden Bedeutungsunterschieden einem verminten Gelände gleichen. Es war »die Sprache derer, die den Schießbefehl an der Mauer erlassen hatten«, die »Sprache der Macht« und des »Kalten Krieges« (NG, 105), eine Sprache, die ein »feindseliges ›ihr‹« hervorgebracht hat, den immerfort herausgestellten Unterschied von »wir« und »sie« (NG, 120). Selbst das Lachen war im Osten ein anderes: »Es hatte nichts mit dem Lachen zu tun, wie es auf feuchtfröhlichen pfälzischen Weinfesten üblich war, es glich viel eher dem

Lachen, das ich aus Russland kannte. Das Lachen als Notwehr, als Widerstand, als Geringschätzung des Mächtigen. Lacht kaputt, was euch kaputt macht, hätte als Motto über diesem Lachen stehen können.« (NG, 250)

Was nimmt die Erzählerin in Wodins Roman Positives an der DDR, am Osten Deutschlands wahr? Ihr fällt zunächst »die Lesewelt« in der DDR positiv auf, auch hier im Vergleich mit ihrer russisch-sowjetischen Vergangenheit: »Nur in Moskau habe ich bisher so viele lesende Menschen gesehen. [...] die Menschen lesen in den Cafés, in Warteschlangen, an den U-Bahn- und Straßenbahnhaltestellen ...« (NG, 56f.) Selbst die Art des Lesens, wie auch öffentliche Lesungen, schienen anders zu sein: »[...] die Menschen lauschten mit einer Konzentration, der es um jede Silbe, jede Nuance eines Wortes ging, man sah ihnen an, dass es für sie nichts Wichtigeres gab als Literatur, dass die Literatur für sie das letzte Wort auf der Welt hatte.« (NG, 258) Zu den positiven Wahrnehmungen zählt des Weiteren die friedliche Revolution in der DDR, der erlebte Fall der Berliner Mauer: »In der Nacht vom 9. auf den 10. November saßen Jakob und ich vor dem Fernsehschirm und sahen die Bilder, die uns das Ende der DDR zeigten. Wir begriffen beide nicht, was wir sahen, aber es war klar, dass das andere Deutschland in diesem Moment in Bausch und Bogen auf die Müllkippe der Geschichte flog. Amerikas seit langem prophezeiter Sieg über das Reich des Bösen wurde mit dem Untergang der DDR besiegelt. Das große, triumphale Finale.« (NG, 203) Vorausschauend denkt die Erzählerin an das Schicksal der »zukünftigen Arbeitslosen und Hartz-Empfänger«, und nachdenklich fügt sie hinzu: »Niemand fragte, was hier eigentlich unterging, was die DDR ausgemacht hatte, außer der Stasi. Jakob war verwirrt, er zitterte, er weinte, er lachte. Was sollte jetzt aus ihm werden?« (NG, 203)

Die politischen Ereignisse wirkten sich auf das Leben und die Identität der Erzählerin aus. In möglicher Anlehnung an Christa Wolfs Buch »Kein Ort. Nirgends«[59] wird das vereinte Deutschland ein »neuer, unbekannter Ort, fremd und unentzifferbar [...], plötzlich zusammengesetzt in einem nie geträumten Bild aus Ost und West« (NG, 228), in dem sowohl Wodins Erzählerin als auch Jakob Stumm keinen Platz mehr für sich finden und in einer anderen »Diaspora« verbleiben? Es war eine Welt, in der sich Wodins Erzählerin »klein und bedeutungslos« fühlt, »Produkt einer bürgerlichen Wertegesellschaft, in der das, was ich schrieb, nur an seinem Marktwert gemessen wurde, an Moden und Trends [...].« (NG, 35) Zurück blieb die Erzählerin, der andere Teil der Nachtgeschwister, verletzt und sprachlos. »Mir bleibt nichts anderes als zu warten. Nacht für Nacht das Warten auf Worte, die Worte für das, was nicht sagbar ist, für das Rätsel meiner Geschichte mit ihm.« (NG, 265)

Die Schriftstellerin Natascha Wodin verwandelte ihr Warten auf Worte in die »Stimmen unbekannter Sterne«.[60]

1 Marianne Birthler u.a.: »Vereint – getrennt? Getrennt – vereint? Eine Bestandsaufnahme nach 30 Jahren Wiedervereinigung«, Livestream, Urania Berlin, 19.10.2020. — **2** Larry Wolff: »Inventing Eastern Europe: The Map of Civilization on the Mind of the Enlightenment«, Stanford 1996. — **3** Szczepan Twardoch: »Liebe Westeuropäische Intellektuelle: Ihr habt keine Ahnung von Russland. Niemand im Westen kann verstehen, was es heißt, im russischen Machtbereich leben zu müssen«, in »Neue Zürcher Zeitung«, 6.4.2022, https://www.nzz.ch/feuilleton/ukraine-krieg-schluss-mit-westsplaining-ld.1676881. — **4** Stefan Heym, zitiert nach: Alexander Solloch: »Die ostdeutsche Literatur nach der Zeitenwende«, 2.10.2020. https://www.ndr.de/geschichte/chronologie/wende/Die-ostdeutsche-Literatur-nach-der-Zeitenwende,zeitwende100.html. — **5** Cornelius Wüllenkemper: »Literaturgeschichte der Wende. Fremdheit zwischen Ost und West«, in: »Deutschlandfunk«, 28.10.2019. — **6** Arne Born: »Literaturgeschichte der deutschen Einheit 1989–2000. Fremdheit zwischen Ost und West«, Hannover 2019. — **7** Vgl. dazu: Rüdiger Thomas: »Wahrnehmungsmuster in Ost- und Westdeutschland gestern und heute«, Vortrag auf der 34. Sitzung der Enquete-Kommission »Überwindung der Folgen der SED-Diktatur im Prozess der deutschen Einheit«, 2. Juni 1997, 18-3-at-Dokument.doc (live.com) Wahrnehmungsmuster in Ost- und Westdeutschland gestern und heute. Auch online über Rüdiger Thomas (ruedigerthomas.eu). — **8** Julia Franck: »Lagerfeuer 2003«, Zitat nach Solloch: »Die ostdeutsche Literatur nach der Zeitenwende«, a.a.O., S. 4. — **9** Wüllenkemper: »Literaturgeschichte der Wende«, a.a.O. — **10** Jan Groh: »Colón«, Letschin 2021 (Erstauflage 2001). — **11** Bernd Wagner: »Paradies«, Berlin 2000; ders.: »Die Sintflut in Sachsen«, Frankfurt/M. 2018; ders.: »Verlassene Werke. 1976–1985«, Leipzig 2022. — **12** Norbert Mappes-Niediek: »Europas geteilter Himmel. Warum der Westen den Osten nicht versteht«. Berlin 2021. https://www.aufbau-verlage.de/ch-links-verlag/europas-geteilter-himmel/978-3-96289-112-1. — **13** Ebd., Klappentext. — **14** Christa Wolf: »Der geteilte Himmel. Erzählung«, Halle/S. 1963. — **15** Naika Foroutan u.a.: »Ost-Migrantische Analogien I: Konkurrenz um Anerkennung«, Deutsches Zentrum für Integrations- und Migrationsforschung (DeZIM)«, Berlin 2019. Vgl. dazu auch: Toralf Staud: »Ossis sind Türken«, in: »Die Zeit«, 9.10.2003. — **16** Jana Hensel: »Da sind Demütigungen und Verletzungen geblieben. Jana Hensel im Gespräch mit Winfried Sträter«, in: »Deutschlandfunk Kultur«, 7.6.2017, https://www.deutschlandfunkkultur.de/jana-hensel-ueber-den-umgang-mit-dem-ddr-alltag-da-sind-100.html. Vgl. dazu auch: »Wer wir sind – die Erfahrung ostdeutsch zu sein. Ein Streitgespräch zwischen Jana Hensel und Wolfgang Engler«, Bundeszentrale für Politische Bildung, 11.12. 2019, Wer wir sind – die Erfahrung ostdeutsch zu sein, online: bpb.de. — **17** Frauke Hamann: »Rückkehr an den Rand«; in: taz Archiv vom 5.1.2021, Rückkehr an den Rand, online: taz.de. — **18** Uwe Tellkamp: »Der Turm. Geschichten aus einem versunkenen Land«, Berlin 2008; ders.: »Der Schlaf in den Uhren«, Berlin 2022. — **19** Antje Rávic Strubel im Gespräch mit Angela Gutzeit: »Zwiespalt der Erinnerung III. Antje Rávic Strubel«, in: »Deutschlandfunk«, 22.11.2009, Zwiespalt der Erinnerung III: Antje Rávic Strubel, online: deutschlandfunk.de. — **20** Antje Strubel: »Spottet den Ossi!«, in: »EMMA«, 6.11.2014; Antje Strubel: Spotte den Ossi!, online: EMMA. — **21** Ebd. — **22** Ebd., S. 1. — **23** Vgl. Julya Rabinowich: »Dazwischen Ich«, München 2016. — **24** Vgl. Irene Kacandes / Yulia Komska: »Eastern Europe Unmapped: Beyond Borders and Peripheries«, New York 2018. — **25** Dirk Oschmann: »Wie sich der Westen den Osten erfindet«, in: »Frankfurter Allgemeine Zeitung«, 4.2.2022, S. 5. https://www.faz.net/aktuell/feuilleton/deutschland-wie-sich-der-westen-den-osten-erfindet-17776987.html. — **26** Eszter Pabis: »Towards an aesthetics of migration. The ›Eastern turn‹ of German-language literature and the German cultural memory after 2015«, in: Anna Meera Gaonkar u.a. (Hg.): »Postmigration: Art, Culture, and Politics in Contemporary Europe«, Bielefeld 2021, S. 181–196, hier S. 182f. — **27** Gregor Dotzauer: »Der Ost-Westkonflikt in der deutschen Literatur. Endlich Milchschnitte!«, in: »Der Tagesspiegel«, 27.1.2017, Der Ost-West Konflikt in der deutschen Literatur: Endlich Milchschnitte! – Kultur – Tagesspiegel. — **28** »Zwischen gebürtigen Magdeburgerinnen: ›Ostbewusstsein‹ von Valerie Schönian«, Luise blättert auf … Der Literaturblog aus Hamburg vom 10. September 2020, Zwischen gebürtigen Magdeburgerinnen: »Ostbewusstsein« von Valerie Schönian, ein Interview und Rezension – aufgeblättert … (aufgeblaettert.de). — **29** Christoph Hein, zitiert nach Solloch: »Die ostdeutsche Literatur nach der Zeitenwende«, a. a. O. — **30** Christina Morina: »Idee einer innerdeutschen Einheit ist utopisch«, in: NDR, 2.10.2020. Morina: »Idee einer innerdeutschen Einheit ist utopisch«, online: NDR.de – Geschichte – Chronologie – Wende — **31** Karosh Taha: »Im Bauch der Königin«, Köln 2021. — **32** Sasha Marianna Salzmann: »Außer sich«, Berlin 2017. — **33** Alina Bronsky: »Der Zopf meiner Großmutter«, Köln 2019. Zitat nach: Dies.: »Der Zopf meiner Großmutter. Omas Tyrannei im Flüchtlingsheim«, in: »Deutschlandfunk Kultur«, 9.5.2015, https://www.deutschlandfunkkultur.de/alina-bronsky-der-zopf-meiner-grossmutter-omas-tyrannei-im-100.html. — **34** Sarah Ulrich: »Die Realität der ostdeutschen Migrationsgesellschaft wird zu wenig benannt«, Interview mit Noa K. Ha, Heinrich Böll Stiftung, Migrationspolitisches Portal, 9.11.2019, https://heimatkunde.boell.de/de/2019/11/09/die-realitaet-der-ostdeutschen-migrationsgesellschaft-wird-zu-wenig-benannt. — **35** Kaya Großer / Monika Kubrova: »›… die DDR schien mir eine Verheißung‹. Migrantinnen und Migranten in der DDR und Ostdeutschland«, Berlin 2022. — **36** Abdulrazak Gurnah: »Ferne Gestade«, München 2022. — **37** Khuê Pham: »Wo auch immer ihr seid«, München 2021. — **38** »In der Zugluft Europas stehend, / hat unsere Erzählung keine Stimme.« Olga Martynova: »In der Zugluft Europas. Gedichte«, Heidelberg 2009. Vgl. auch Nora Isterheld: »›In der Zugluft Europas‹. Zur deutschsprachigen Literatur russischstämmiger AutorInnen«, Bamberg 2017, S. 16. — **39** Vgl. dazu: Isterheld: »›In der Zugluft Europas‹«, a. a. O. — **40** Jörg Magenau: »Laudatio für Natascha Wodin zur Verleihung des Gisela-Elsner-Literaturpreises in Nürnberg«, 10.7.2021, S. 3, online: Wodin Natascha – Laudatio 2021.doc (literaturhaus-nuernberg.de). — **41** Natascha Wodin: »Nachtgeschwister«, Reinbek 2018. Wenn nicht anders angegeben, wird aus diesem Roman im Fließtext (Angabe des Kürzels NG und der Seitenzahl) zitiert. — **42** Mit ihrem Mann schrieb Christa Wolf auch das Drehbuch für die gleichnamige Verfilmung ihrer Erzählung durch Konrad Wolf. — **43** Wolfgang Hilbig: »Das Provisorium«, Frankfurt/M. 2000. — **44** Daniela Holtz / Anja Schneider: »Nachtgeschwister, provisorisch«, Radiohörspiel, MDR/Deutschlandradio Kultur 2014, https://www.hoerspielundfeature.de/hoerspiel-schriftstellerliebe-zwischen-ost-und-west-100.html. — **45** Magenau: »Laudatio für Natascha Wodin«, a. a. O. — **46** Ebd., S. 2. — **47** Jan Schulz-Ojala: »Rückhaltlos und rücksichtslos gegen sich selbst. Natascha Wodin zum 70. Geburtstag«, in: »Chamisso. Viele Kulturen – eine Sprache« 13 (2015), S. 10–13; online: Cha_Magazin_13.pdf (yves-noir.de). — **48** Ebd., S. 10. — **49** Ebd., S. 13. — **50** Magenau: »Laudatio für Natascha Wodin«, a. a. O., S. 2. — **51** Vgl. dazu Johanna M. Gelberg: »Poetik und Politik der Grenze. Die Literatur der deutsch-deutschen Teilung seit 1945«, Bielefeld 2018, S. 105–155. — **52** Manfred Schneider: »Liebe und Betrug. Sprachen des Verlangens«, München, Wien 1992, S. 12. — **53** Gelberg: »Poetik und Politik der Grenze«, a. a. O., S. 5. — **54** »Beziehungskiste Rast und Stumm. Brüder-Grimm-Preis würdigt ein herausragendes Werk«, 24.10.2009. https://www.op-online.de/region/hanau/beziehungskiste-rast-stumm-501512.html. — **55** Literaturhaus Nürnberg e. V.: »Pressemitteilung«, https://literaturhaus-nuernberg.de/images/pdfs/Pressemitteilung_Gisela-Elsner-Literaturpreis.pdf. — **56** Rolf Henrich: »Der vormundschaftliche Staat. Vom Versagen des real existierenden Sozialismus«, Berlin 1989. — **57** Vgl. Ruth Reiher: »Klischees und Wahrheit über die Sprache in der DDR«, in: »Berliner Zeitung«, 28.09.2021, https://www.berliner-zeitung.de/open-source/die-sprache-der-ddr-li.184103. — **58** Stillmark: »Literarische Paare«, a. a. O., S. 151. — **59** Christa Wolf: »Kein Ort. Nirgends«, Berlin, Weimar 1979. — **60** Zitat aus Wolfgang Hilbigs Gedicht »Palimpsest«, das Wodin als Epigraph für das letzte Kapitel von »Nachtgeschwister« gewählt hat. Vgl. Wolfgang Hilbig: »Palimpsest«, in: »Lose Blätter. Zeitschrift für Literatur«, H. 35, https://www.lose-blaetter.de/35_pali.html.

Natalia Blum-Barth

»[D]ie geheimnisvolle Geschichte von der gläsernen Stadt«

Intertextualität und Historizität im Leben und Werk von Natascha Wodin

Im dritten Teil des Romans »Sie kam aus Mariupol«[1] erinnert sich die Ich-Erzählerin an die Geschichten ihrer Mutter, die sie als Kind gehört hat. Neben der biblischen Geschichte vom Kind Moses und dem russischen Lied vom Kuckuck, der seine Kinder verloren hat, »erzählt sie mir auch die geheimnisvolle Geschichte von der gläsernen Stadt. Einer Stadt, in der alles aus Glas ist, die Häuser, die Möbel, die Straße, selbst die Schuhe an den Füßen der Bewohner. Alle laufen mit einem schneeweißen Putztuch herum und polieren das Glas, entfernen jedes Stäubchen, jeden Hauch. Ich weiß nicht, was sie mir mit dieser Geschichte sagen will, wofür die blitzblanke Stadt aus Glas steht.« (Mariupol, 304 f.)

»Die Stadt aus Glas« verweist auf Jewgenij Samjatins Roman »Wir«, die erste klassische Dystopie, die 1920 im Zuge der Oktoberrevolution in Russland geschrieben wurde und eine Gesellschaft strenger totalitärer Kontrolle thematisiert.[2] In seiner Rezension zu Samjatins Buch betont George Orwell die Totalüberwachung und Normung der entindividualisierten Menschen: »They live in glass houses (this was written before television was invented), which enables the political police, known as the ›Guardians‹, to supervise them more easily. They all wear identical uniforms, and a human being is commonly referred to either as ›a number‹ or ›a unif‹ (uniform).«[3] Neben Orwell beeinflusste Samjatins »Wir« vor allem Aldous Huxley und Vladimir Nabokov. 1983 debütierte Natascha Wodin mit der Erzählung »Die gläserne Stadt«,[4] in der sie die Bohème der russischen Literaten in den Vororten von Moskau in den 1970er Jahren schildert: »Es ist, als schaute ich in Moskau zum erstenmal unter Wasser, und unter der grauen, uniformierten Oberfläche entdecke ich ein vielfältiges und vielartiges Leben. Und wir fahren bereits durch das Schriftstellerviertel. Ich habe das Gefühl, mich mitten in einer Legende zu befinden. Einer Legende, einem Traum, einem Märchen, einer Vision. Vielleicht hat das alles gar nichts mehr mit Rußland zu tun, vielleicht befinde ich mich in dem Märchen, das vom Schreiben handelt. Vom Schreiben als Selbstverständlichkeit, als Alltäglichkeit, als normale Daseinsform.«[5]

Das luxuriöse Schriftstellerviertel scheint ein illegales Paralleldasein zu führen und stellt ein Gegenentwurf zu Samjatins genormter und vollkommen gleichgeschalteter Gesellschaft dar. »Die gläserne Stadt« schildert eine geistige Lebensform in und mit Büchern, die zeit- und grenzüberschreitend ist.

Dem Roman »Nachtgeschwister«[6] ist ein Zitat aus dem »Galeerentagebuch« von Imre Kertész vorangestellt: »Ich wage zu behaupten: Nahezu alles Wissen, das nicht Wissen um uns selbst ist, ist umsonst.«[7] Dieser intertextuelle Verweis ist in zweifacher Hinsicht kennzeichnend für das Werk von Natascha Wodin. Einerseits geht es um Selbstdokumentation, die während ihres literarischen Schreibens erfolgt. Die Autorin wird zur »Protokollantin«.[8] Der Prozess des Schreibens wird zum Erschreiben ihres Selbst. Damit geht die Verwischung der Grenze zwischen Leben und Literatur einher. Leben geht in die Literatur über, und Literatur ermöglicht das Leben. Es ist eine Art Selbstgeburt oder, wie Kertész sagt, »existentielle Genialität«[9], die eigene Existenz ermöglicht. »Im Leben des Menschen kommt der Moment, in dem er sich plötzlich seiner selbst bewußt wird und seine Kräfte frei werden; von diesem Moment an können wir uns als uns selbst betrachten, in diesem Moment werden wir geboren.« (Ebd.) Mit der Geburt beginnt das Leben, und wenn das Leben von Autorinnen und Autoren wie Wodin und Kertzész in die Literatur übergeht, dann ist es die »Galeerenarbeit der Selbstdokumentation«.[10]

Neben der Vermengung von Leben und Literatur deutet das vorangestellte Kertész-Zitat wie auch der Titel des Debütwerks »Die gläserne Stadt« den existenziellen Stellenwert der intertextuellen Bezüge in Wodins Werk an. Ähnlich wie Intertextualität bei Kertész seine Begegnung im Denken über das Sein mit einer Vielzahl philosophischer und literarischer Autoren der Weltliteratur – allen voran Kant, Schopenhauer, Nietzsche, Freud, Ortega, Camus, Sartre, Adorno, Kafka, Thomas Mann, Márai, Beckett – dokumentiert, markiert Wodin mit den Bezugnahmen auf Goethe, Heine, Nietzsche, Kleist, Kafka, Fontane, Hebbel, Hilbig, Hesse, Hermlin, Schnitzler, Thomas Bernhard, Ulrich Zieger, Christa Wolf, Marlen Haushofer, Heiner Müller, Peter Weiss, Nabokov, Solschenizyn, Sjomin, Puschkin, Blok, Achmatowa, Wyssozkij, Aksjonow und anderen Berührungen mit ihrem eigenen Schicksal und Schreiben.

Dieser Beitrag will anhand des Romans »Sie kam aus Mariupol« an zwei Aspekten – Intertextualität und Historizität – Wodins Engführung von Literatur und Leben aufzeigen. Dabei soll die Rezeption des Romans mit dem Fokus auf die Verschleppung und den Einsatz der Ostarbeiter in der Wirtschaft Nazi-Deutschlands erweitert werden. Deshalb stehen im Mittelpunkt dieser Untersuchung die im Roman thematisierte Errichtung des Bolschewismus in der heutigen Ost- und Südukraine, der Große Terror sowie die Hungersnöte 1921/23 und 1932/33. Wodin erörtert diese Ereignisse mit großer historischer Genauigkeit, thematisiert die Opfer, dokumentiert die NKWD-Verbrechen, zeigt die Maschinerie der Gewalt und des

Terrors auf, sodass dieser Roman die Funktion der Geschichtsvermittlung übernimmt. Er vermittelt das Wissen »um uns selbst« (Kertész), das in der offiziellen Geschichtsschreibung der Sowjetunion nicht vorkam und auch im heutigen Russland tabuisiert wird.

Im Folgenden werden vordergründig Bezüge und Kontexte sichtbar gemacht, die durch die Schallplatte mit der Aufnahme der Operette »Tschornomorzi« von Mykola Lysenko in den Text hineinwirken und – so meine These – als Auslöser für die Thematisierung historischer Ereignisse fungieren. Angesichts des Eroberungskrieges, den Russland seit dem 24. Februar 2022 auf dem gesamten Gebiet der Ukraine führt, vermag diese Schwerpunktsetzung auch zum Verständnis aktueller Geschehnisse beizutragen.

Intertextualität

Ziemlich zu Beginn des Romans »Sie kam aus Mariupol« schreibt Natascha Wodin: »Ein reales Winterbild von Mariupol aus der Zeit, als meine Mutter dort lebte, zeigte mir Jahre später eine russische Novelle, deren Titel, ich vergessen habe: *Hinter dem Fenster des Hotels Palmyra fiel nasser Schnee. Hundert Schritte weiter das Meer, von dem ich nicht zu sagen wage, dass es rauschte. Es gluckste, röchelte, das flache, unbedeutende, langweilige Meer. Ans Wasser angeschmiegt das unscheinbare Städtchen Mariupol mit seinem polnischen Kościół und seiner jüdischen Synagoge. Mit seinem stinkenden Hafen, seinen Lagerschuppen, mit dem löchrigen Zelt eines Wanderzirkus am Strand, mit seinen griechischen Tavernen und der einsamen, matten Laterne vor dem Eingang des erwähnten Hotels.* Es kam mir vor wie eine intime Mitteilung über meine Mutter.« (Mariupol, 14)

Die in Wodins Roman durch Kursivierung markierte Textstelle ist ein selbstübersetztes Zitat aus der Novelle »Мариупольская комедия« (Die Komödie von Mariupol) des Schriftstellers Vladimir Korablinov aus dem Jahr 1979.[11] Indem Wodin den Verfasser der Novelle, »deren Titel, ich vergessen habe« nicht nennt, führt sie ihrem Leser vor, dass Korablinov kein bekannter Autor ist. 1931 wurde er im Zuge stalinistischer Säuberungen verhaftet, überlebte, ließ sich aber ideologisch nicht vereinnahmen und schrieb Heimatliteratur. Neben diesem veranschaulicht auch der folgende intertextuelle Bezug Wodins Kenntnis russischer Literatur abseits des Kanons und ihre Rezeption im eigenen Werk.

»Mittlerweile hatte ich sogar die so lange vergeblich gesuchte literarische Stimme gefunden, ein Buch von Vitalij Sjomin, das in der deutschen Übersetzung »Zum Unterschied ein Zeichen« hieß und schon in den siebziger Jahren erschienen war. Der russische Autor erzählte darin die Geschichte eines Halbwüchsigen, den man aus Rostow am Don verschleppt hatte und der die Zwangsarbeit in Deutschland nur überlebte, weil er überzeugt davon war, dass das, was er sah und erfahren musste, nicht mit ihm zusammen untergehen durfte, dass er verpflichtet war, Zeugnis für die Nachwelt abzulegen. [...] Zu meiner Überraschung hatte ich festgestellt, dass der Übersetzer des Buchs Alexander Kaempfe war, mit dem mich in den siebziger Jahren eine Freundschaft verband. Er las mir oft aus seinen Übersetzungen vor, gut möglich, dass er mir auch aus dem Buch von Vitalij Sjomin vorgelesen hat und ich mich nur deshalb nicht daran erinnerte, weil ich damals ja nicht wusste, dass das Buch von meinen Eltern handelte [...].« (Mariupol, 37)[12]

In dieser Passage wird die besondere Bedeutung des Urhebers des Textes herausgestellt: zum einen des Autors, der zwar namentlich genannt wird, aber seine biografischen Angaben werden nicht thematisiert. Die Autorin scheint zwischen der Biografie des zitierten Autors und der Geschichte seines Protagonisten nicht unterscheiden zu wollen. Daran zeigt sich ihr Verständnis vom Stellenwert des literarischen Schreibens als Dokumentation des Erlebten. Gleichzeitig demonstriert Wodin, wie Rezipienten durch die Lektüre aufgefordert werden, sich für die Geschichte zu interessieren und historische Fakten zu entdecken: »Je länger ich recherchierte, auf desto mehr Ungeheuerlichkeiten stieß ich, von denen bisher kaum jemand gehört zu haben schien.« (Mariupol, 38). Die Ich-Erzählerin in Wodins Roman stürzt sich in eine komplexe Recherche, konsultiert unterschiedliche Quellen, sucht in Archiven und nimmt Kontakt zu Zeugen auf. Sie entdeckt blinde Flecken, Ungereimtheiten und Widersprüche. Vor diesem Hintergrund wird Wodins Appell deutlich, die neu zugänglich gewordenen dokumentarischen Quellen (etwa Archive, die nach der Wende geöffnet wurden) und die technischen Möglichkeiten (Internet) zu nutzen und die »gespenstischen Tragödien des 20. Jahrhunderts« (Mariupol, 38) aufzuarbeiten. Ihr Mariupol-Roman stellt ein mustergültiges Beispiel für die Entdeckung der verbotenen und verschwiegenen Geschichte nicht nur ihrer Mutter, sondern der heute durch Russen zerbombten und besetzten Stadt Mariupol dar.

Neben dem Autor wird auch der Übersetzer ins Deutsche namentlich genannt, wodurch auf das Thema des Übersetzens im Werk Natascha Wodins explizit hingewiesen wird. Der intertextuelle Bezug auf Sjomins Roman erschöpft sich nicht in der bloßen Nennung des Autors und des Titels. In der Figur Lidia, der älteren Schwester der Mutter der Ich-Erzählerin, lassen sich erstaunliche Parallelen zu Sjomin feststellen. Sie studierte Literatur, wurde 1933 von NKWD verhaftet und nach fünfmonatiger Untersuchungshaft in Richtung Murmansk, nach Medweshja Gora, deportiert, wo sie eine »Anstellung als Lehrerin in einer Strafkolonie für minderjährige Häftlinge« (Mariupol, 227) erhält. 20 Jahre später, 1953, wurde Sjomin, der Pädagogik an der Universität in Rostow am Don studierte, exmatrikuliert – es wurde bekannt, dass er als Ostarbeiter in Deutschland war – und ins Arbeitslager bei Kuibyschew verschickt. Anstelle der Arbeit am Bau des Wasserkraftwerks Kuibyschew[13] wurde ihm 1954 erlaubt, in der kleinen Ortsschule zu unterrichten. Diese biografischen Daten wie auch erlittenen Diffamierungen für seine realistischen Darstellungen des Lebens am Stadtrand von Rostow am Don in der Erzählung »Sieben in einem Haus« finden sich in dem von Wolfgang Kasack herausgegebenen Lexikon der russischen Literatur des 20. Jahrhunderts,[14] aber in keiner russischen Quelle.

Neben den Verweisen auf das Gedicht »Warte auf mich« von Konstantin Simonow (Mariupol, 41, 81), Puschkins Gedichte (63), Gorkis Roman »Die Mutter« (108), Bulgakows Roman »Der Meister und Margarita« (135) zitiert Wodin aus Anna Achmatowas Poem »Requiem« (116) sowie das Gedicht »Russland ist Glück« von Georgij Iwanow (155 f.). Iwanow (1894–1958) verließ Russland 1922 und gilt als einer der bedeutendsten Dichter der russischen Emigration. Das zitierte Gedicht thematisiert die Sehnsucht nach der verlassenen Heimat. Das mehrmals wiederholte Wort »Schnee« ist der Ausdruck für den Trennungsschmerz eines Emigranten von seiner Heimat. Natascha Wodin lässt ihre Ich-Erzählerin dieses Gedicht im Tagebuch der Tante Lidia mit Aufzeichnungen aus ihrer Lagerzeit vorfinden. »Den Aufzeichnungen war ein Zitat aus dem fünften Buch Mose vorangestellt: ›Mir gehöret die Rache zu, ich will vergelten.‹« (Mariupol, 156). Durch diese Platzierung bekommt Iwanows Gedicht in Wodins Roman eine neue Konnotation: Der Schnee verliert seine metaphorische Bedeutung und wird zur Kälte in Medweshja Gora und anderen Lagern, in denen »[e]isiges Dunkel, Kugel, Strick« (156) zum Los von Millionen Menschen wurden. Die Sehnsucht der Emigranten in Europa nach dem verlassenen Russland wechselt zur Anklage unzähliger Opfer des stalinistischen Terrors. Für sie stand Russland für Willkür, Gewalt und Vernichtung: »Russland ist Schweigen, der Asche Spur. / Vielleicht besteht es aus Zittern nur.« (Mariupol, 156)

In der Forschung wurde bisher kaum darauf eingegangen, dass Natascha Wodin nicht nur die Geschichte ihrer Mutter entdeckt und das Schicksal der Ostarbeiter im Nazi-Deutschland thematisiert, sondern auch den stalinistischen Terror anprangert: »Sie war in den Reißwolf zweier Diktaturen geraten, zuerst unter Stalin in der Ukraine, dann unter Hitler in Deutschland.« (Mariupol, 10) Die Bestialität des stalinistischen Terrors wird hauptsächlich anhand des Schicksals der älteren Schwester der Mutter, Lidia, aufgezeigt. Über das Leben des Bruders der beiden Schwestern, Sergej, der »in der damaligen Zeit in die KPdSU aufgenommen und mit einem Staatsorden ausgezeichnet wurde« (Mariupol, 48), herrscht Schweigen. Es ist nicht das Schweigen der Autorin, sondern die Verschwiegenheit der Tochter von Sergej, Jewgenia, die die Auseinandersetzung mit der Vergangenheit entschieden ablehnt. Wie auch ihr Vater gehört sie zu Günstlingen der Sowjetmacht. Von den Opfern, selbst in der eigenen Familie, auf deren Kosten sie die Privilegien genoss, will sie nichts wissen. Die Sowjetunion lebt in Jewgenia auch ein Vierteljahrhundert nach ihrem Zerfall fort. Auf dem Majdan 2014 »sang sie am Rand des kriegerischen Tumults die russische Fassung von Massenets berühmter »Èlégie«, die in der Ukraine jeder kannte und die bestimmt einst auch ihr Vater gesungen hatte [...].« (Mariupol, 102)

Neben intertextuellen kommt den intermedialen Bezügen, und zwar auf Musikkunstwerke, eine besondere Bedeutung im Werk Natascha Wodins zu.[15] Ein unauffälliger, jedoch sehr wirkungsvoller Verweis auf Musik findet sich auch im Mariupol-Roman. Wodin erzählt von einer Schallplatte mit der Stimme des Onkels Sergej: »Konstantin fand sie im Internet, eine Aufnahme der Oper ›Tchernomorzy‹ von Mykola Lyssenko[16] aus dem Jahr 1956.« (Mariupol, 139) Die von Natascha Wodin erwähnte Einspielung aus dem Jahr 1956 gibt es wirklich.[17] Serhij Ivaschchenko singt darin die Rolle von Tupyzja, einem Kosakenführer.

»Ich hörte die Stimme meines Onkels, hörte sie auf einer digitalisierten Aufnahme mit perfektem Klang, der mich vergessen ließ, aus was für einer fernen Zeit und Welt die Stimme kam. Schon nach den ersten Tönen war ich hypnotisiert. [...] Es kam mir vor wie eine Halluzination, dass die Stimme ihres Bruders jetzt hier war, in meinem Zimmer, [...] wissend, dass genau diese Stimme früher einmal auch meine Mutter gehört hatte, dass sie Teil ihres Lebens in Mariupol gewesen war.« (Mariupol, 140)

Diese Wirkung auf die Ich-Erzählerin entfaltet die Stimme des Onkels nicht nur, weil sie einen Verbindungsfaden zu ihrer Mutter und zur unbekannten Vergangenheit darstellt, sondern weil die Stimme des Onkels in ukrainischer Sprache erklingt. Nach Stalins Tod 1953 begann die Tauwetter-Periode, die durch eine Auflockerung des herrschenden Stalinismus, größere Freiheit im kulturellen Bereich, einen beginnenden Abbau des Gulag-Systems und eine ansatzweise Entspannung des Ost-West-Konflikts geprägt war. Damals klang die ukrainische Sprache nicht nur von der politischen Tribüne, sondern auch von Theaterbühnen. Die in Wodins Mariupol-Roman erwähnte Schallplatte erschien 1956, im Jahr der »Geheimrede«, die Chruschtschow über Stalins Verbrechen hielt. Vor diesem Hintergrund ist auch der Erzählstrang über die Verhaftung der Tante Lidia, ihren Lageralltag in Medweshja Gora und ihr späteres Schicksal zu verstehen. Parallel und gleichzeitig konträr zu Lidias Schicksal während des stalinistischen Terrors entsteht die Lebensgeschichte ihres Bruders, des Opernsängers Sergej. Protegiert von Stanislaw Kossior, »dem ehemaligen Staatschef der Ukraine, der als einer der Hauptverantwortlichen für die Hungerkatastrophe in den dreißiger Jahren galt« (Mariupol, 97), wurde Sergej zu einem systemtreuen, mit Orden und Urkunden ausgezeichneten Sänger. Die vielen Lücken seines Lebens sowie das Schweigen seiner Tochter können als Metapher für die nicht aufgearbeitete Haltung der Günstlinge, Systemtreuen und Mitläufer gedeutet werden. Betrachtet aus dieser Perspektive liest man »Sie kam aus Mariupol« als eine historische Familiensaga, in der der Bogen von der Zerstörung der Familie bis in die Anfänge ihrer Gründung und Prosperität zurückverfolgt wird.

»Mein ursprüngliches Bild von Mariupol war davon geprägt, dass in meiner Kindheit niemand zwischen den einzelnen Staaten der Sowjetunion unterschied, alle Bewohner ihrer fünfzehn Republiken galten als Russen. Obwohl Russland im Mittelalter aus der Ukraine hervorgegangen war, aus der Kyjiwer Rus, die man die Wiege Russlands nannte, die Mutter aller russischen Städte, sprachen auch meine Eltern so über die Ukraine, als wäre sie ein Teil von Russland – dem größten Land der Welt, sagte mein Vater, ein gewaltiges Reich, das von Alaska bis nach Polen reichte und ein Sechstel der gesamten Erdoberfläche einnahm.« (Mariupol, 12)

Dieses gewaltige Reich entstand durch die Eroberung und Unterwerfung anderer Regionen und Völker, physische Vernichtung verschiedener Ethnien, Ausrottung ihrer Sprachen und Kulturen, darunter auch die Zerstörung der Saporizka Sitsch. Deshalb ist der Verweis auf Mykola Lysenkos Operette »Tschornomorzi« (Mariupol, 139) kein Zufall: Er korrespondiert unmittelbar mit der Gründung der Stadt Mariupol. »Im 18. Jahrhundert hatte Katharina die Große es den christlichen Griechen aus dem damaligen Krimkhanat geschenkt. Erst nach der Mitte des 19. Jahrhunderts durften sich wieder andere Ethnien in dem damaligen Marioypoli ansiedeln.« (Mariupol, 14f.) Das ist die offizielle Version des »gewaltigen Reiches« zur Gründung der Stadt Mariupol. Bevor Katharina II. diese Gebiete am Azovschen Meer den Griechen von der Krim ›schenkte‹, zerstörte sie den Saporizka Sitsch, die militärische und politische Formation des 16. bis 18. Jahrhunderts auf den Gebieten der heutigen Ost- und Südukraine.[18]

1775 wurde der Russisch-Türkische Krieg (1768–1774), aus dem Moskau als Sieger hervorging, beendet. Die Kosaken des Saporizka Sitsch verhalfen Moskau entschieden zu diesem Sieg. Nun waren sie überflüssig. Anfang Juni 1775 umzingelten russische Truppen unter dem Kommando des russischen Generals serbischer Herkunft Petr Tekelija plötzlich den Sitsch. Tekelija gab das noch im April 1775 erlassene kaiserliche Dekret über die Liquidierung des Saporizka Sitsch bekannt. Die Sitsch-Gesellschaft hatte angesichts der sehr ungleichen Kräfte keine andere Wahl, als sich zu ergeben. Die meisten Kosaken hatten Angst vor der Rache an ihren Familien – das Massaker von Baturyn (1708) war noch sehr präsent in ihrem Gedächtnis. Katharina vertrieb die Sitsch-Kosaken in die Kuban und übergab den Krim-Griechen Domacha, den früheren Fortposten der Saporizker Kosaken. Diese Siedlung gründeten Sitsch-Kosaken noch im 16. Jahrhundert, um ihre Winterquartiere, Schiffe und Kommunikationswege vor den Angriffen der Krimtataren zu schützen. Aus Domacha wurde Mariupol, das

Katharina mit der Urkunde vom 21. Mai 1779 gründen ließ. Steuerfreiheiten und Privilegien zogen auch deutsche, italienische, serbische, moldauische und andere Siedlergruppen an das Ufer des Azovschen Meeres.[19]

Die aus ihrer Heimat vertriebenen Saporizker Kosaken gingen an die Donau und bildeten dort den Sadunaiska Sitsch. Ihren Alltag an einem neuen Ort thematisiert das Theaterstück »Der Schwarzmeeralltag in Kuban 1794–1796« von Jakiv Kucharenko.[20] Das 1836 in ukrainischer Sprache verfasste Werk[21] liegt dem Libretto zugrunde, das Mychailo Staryzkyi 1872 zur Operette von Mykola Lysenko schrieb. Vor dem Hintergrund der unglücklichen Liebe eines jungen Paares erhebt sich die Idee der Unsterblichkeit des Geistes, des Ruhms und der Würde der Kosaken als mentale Grundlage des ukrainischen Nationalbewusstseins, trotz der Zerstörung von Saporizka Sitsch. Der Vertreter dieser Idee ist Sotnyk Tupyzja, der als moralische Instanz fungiert, seinen Mitmenschen Mut zuspricht, zum persönlichen Glück verhilft und Solidarität in der Gemeinschaft fördert.

Das Bild von Sergej Ivaschtschenko in Wodins Roman steht im krassen Widerspruch zur Figur von Sotnyk Tupyzja. Die Autorin deutet an, dass Sergej sich von seiner Schwester, die in einem Straflager war, lossagte und mit der Macht paktiert hatte. Sergej steht *pars pro toto* für die Elite, die sich im stalinistischen und später kommunistischen System verbiegen und Menschen aus dem engsten Familienkreis verraten und verleumden musste, um eigene Systemtreue zu beweisen. Die verschiedenen Rollen des Onkels sind wie Masken, hinter denen er sein wahres Gesicht versteckt und ein Versteckspiel mit sich selbst zu treiben scheint.

»Künstlerfotos zeigten ihn als Fürst Gremin in ›Eugen Onegin‹, als Graf Tomski in ›Pique Dame‹, in der Titelrolle des ›Boris Godunow‹, als Großfürst von Kiew in ›Ruslan und Ljudmila‹, als Méphistophélès in Gounods ›Faust‹. [...] Auf jedem Foto war er ein anderer, er musste sehr viel mehr Gesichter gehabt haben, als diese wenigen Bilder zeigen konnten. Eine beängstigende Kraft ging von ihm aus, etwas Dämonisches, ungreifbar Oszillierendes.« (Mariupol, 148)

Historizität

Bevor die bolschewistische Diktatur in Mariupol endgültig errichtet wurde, kämpften verschiedene militärisch-politische Kräfte um die Macht. »In den fünf Jahren des Bürgerkriegs wechselt in Mariupol siebzehnmal die Verwaltungsmacht.« (Mariupol, 172). Der Ukrainischen Volksrepublik (UNR) gelang es zwar Anfang 1918, die Macht zu übernehmen, jedoch setzten die Bolschewiki auf die illegalen bewaffneten Formationen der Arbeiter der Mariupol-Fabriken und konnten die Macht mit militärischen Mitteln ergreifen. Die bewaffneten Arbeiter verwandelten sich in einen plündernden Mob, der mit bolschewistischen Ideen der Gleichmachung »das Kapitalistenpack« (Mariupol, 173) jagte und im Namen der Proletarier enteignete. »Wir leben jetzt im Kommunismus, deins ist auch meins.« (Mariupol, 172). Als Legitimation für diese Plünderungen und Anarchie fungiert die Waffe. Als Matilda sich gegen die Zerstörung des Telefons wehrt und die Männer nach ihren Dokumenten fragt, bekommt sie eine Faust vors Gesicht gehalten: »›Das ist das Dokument.‹ Dann deutet er auf seinen Revolver: ›Und das ist das Argument.‹« (Mariupol, 173) Die bewaffneten Plünderungen und die Selbstjustiz der alkoholisierten Bolschewiken und ihrer Anhänger begründete Lenins These von der »Allmacht der bewaffneten Arbeiter- und Bauernmassen«[22]. Die Entfachung der Gewalt und Kriminalität gegenüber der einstigen Vorgesetzten und Dienstherren ereignete sich als gerechter Klassenkampf: »Tod der Bourgeoisie! Tod der Bourgeoisie!« (Mariupol, 176) Ihre Enteignung und Erniedrigung, ja selbst die Ermordung, wurde nicht nur vom betrunkenen Mob begrüßt, sondern von Funktionären durchgeführt: »Eines Tages erscheinen Leute aus irgendeinem Komitee, um die ›Überreste bourgeoisen Eigentums‹ ganz legal zu konfiszieren.« (Mariupol, 176) Den Besitzenden wird alles weggenommen, auch der Wohnraum. Das einst herrschaftlich eingerichtete Haus des Großvaters wird im Mariupol-Roman mit wildfremden Menschen vollgestopft, die sich ihre Alltagskämpfe liefern und den Besitzern gegenüber feindlich und ungeniert verhalten.

Die Übernahme der Macht durch die Bolschewiken und die Errichtung des Kommunismus ging mit dem Zusammenbruch des alten Wirtschaftssystems einher. Als Folge steuerte man 1920 auf eine Hyperinflation zu.[23] Die Entwertung des Geldes thematisiert auch Natascha Wodin: »›Das Geld fällt‹ – so lauten damals die geflügelten Worte.« (Mariupol, 186). Die Geldwirtschaft bricht praktisch ein, in der Tauschwirtschaft wird Essbares zum höchsten Gut. Die Autorin rekonstruiert getreu die historischen Ereignisse jener Zeit und lässt ihre Protagonisten die große Tragödie, die Hungersnot 1921 bis 1923, durchleiden.

»Viele essen Hunde und Katzen. Nachdem alle Hunde und Katzen aufgegessen sind, kommen die Menschen dran. Man hört von Frauen, die Kinder mit Essbarem in ihr Haus locken und sie töten, um Hackfleisch und Braten aus ihnen zu machen. Als Matilda Sülze, die sie auf dem Markt gekauft hat, zu Hause in Stücke schneidet, stößt sie auf ein Kinderohr. Man bringt es zu Polizei, aber die kann die Täter nicht fassen. Es wird von einer Frau erzählt, die ihren Säugling umgebracht, das Fleisch gekocht und die Suppe ihren drei anderen Kindern zum Essen vorgesetzt hat. Sie selbst ist hinausgegangen und hat sich im Schuppen erhängt.

Eines Abends klopft es leise an der Tür. Lidia öffnet. Vor ihr steht ein seltsames, undefinierbares Wesen. Es hat einen stark aufgeblähten Rumpf und zwei nackte Beine, die so dünn sind wie Stiele. Seine Haut ist von einem fast flammenden Orange, der Bauch so prall, dass es scheint, ein Antippen mit dem Finger würde genügen, damit die Bauchdecke aufplatzt und sich ein Schwall Wasser auf den Boden ergießt. Mit kaum hörbarer, heiserer Stimme fragt das Wesen nach Tonja. Die kommt herbeigestürzt, schreit auf und fängt an zu weinen. Es ist ihre Schwester Marfa, die vor ihr steht. In der Küche zieht sie sie aus, badet sie und verbrennt ihre von Läusen wimmelnden Kleider im Ofen. Zum ersten Mal hört Lidia das Wort ›Zwangskollektivierung‹. Die Enteignungskommandos hatten den Bauern in Marfas Dorf alles weggenommen, was sie besaßen, bis zum letzten Hühnerei, bis zum letzten Getreidekorn. [...] Marfas gesamte Familie ist verhungert, nur sie selbst hat es irgendwie bis Mariupol zu ihrer Schwester Tonja geschafft.« (Mariupol, 187 f.)

Die genau Zahl der Opfer dieser Hungersnot blieb bis heute unklar; das ukrainische Institut für Nationalgedächtnis geht von mindestens 500 000 Toten in der Südukraine aus.[24] Die Hungersnot grassierte aber auch in den Regionen an Wolga und im Südural. Auch wenn die extreme Dürre und die Missernte die Ernährungslage gefährdeten, führten ökonomische Rückwirkungen des Ersten Weltkriegs, der mehrjährige Bürgerkrieg und die Politik des Kriegskommunismus, insbesondere die Prodraswjorstka-Kampagne (Nahrungsmittelrequirierung) unausweichlich in die Hungerskatastrophe. Schätzungen über die Zahl der Opfer schwanken zwischen zwei und zehn Millionen Menschen.[25] Mit Erlaubnis der Führung des bolschewistischen Staates wandte sich der Schriftsteller Maxim Gorki im Juli 1921 an die Weltöffentlichkeit mit dem Appell, die Sowjetunion in dieser humanitären Krise zu unterstützen.

»Die Rettung kommt im letzten Moment von den Amerikanern. Eine Organisation, die sich ARA nennt, entsendet Schiffe mit Lebensmitteln nach Mariupol und richtet eine Hungerhilfe in der Stadt ein.« (Mariupol, 190) Die American Relief Administration, so der Name der amerikanischen Hilfsorganisation, die Natascha Wodin erwähnt, entsandte 250 Mitarbeiter in die Hungersregionen. Vor Ort sollten sie Volksküchen aufbauen und Ortskräfte für die Verteilung der Nahrung ausbilden. Die ARA-Mitarbeiter sind schockiert vom Gesehenen: »Hier handelte es sich nicht um Mangelernährung, sondern um Massensterben. Die Säuglingssterblichkeit lag fast bei hundert Prozent. Verwahrloste, auf die Knochen abgemagerte Kleinkinder mit aufgeblähten Bäuchen und Leichenberge in Waisenhäusern erschütterten die Helfer.«[26] Die große Hilfskampagne der ARA rettete hunderttausende Menschenleben. Allerdings kostete sie die meisten Ortskräfte das Leben, denn sie wurden später entweder erschossen oder in Arbeitslager deportiert. In der Sowjetunion wurde die amerikanische Hilfskampagne spätestens mit der Machtübernahme von Stalin verschwiegen und vergessen.

Nach dem Zusammenbruch der Sowjetunion erschienen in der Ukraine zahlreiche wissenschaftliche Arbeiten, die diese Hungersnot in den Südregionen der sowjetischen Ukraine thematisierten. Im Mittelpunkt der Untersuchung steht die in Wodins Roman erwähnte »Zwangskollektivierung« (Mariupol, 188), die Enteignung der Bauern und die Umstellung der Landwirtschaft auf das Kolchosen-System. Bereits im Herbst 1920 beschloss das Politbüro der russischen kommunistischen Partei, dass ukrainische Bauern umgerechnet eine Millionen Tonnen Getreide abliefern müssen. Am 28. Juli 1921 schrieb die Regierung der sowjetischen Ukraine an Lenin und sagte den Hungernden in den Wolga Regionen umgerechnet ca. 3,5 Millionen Tonnen Getreide zu.[27] Insbesondere die von der Dürre betroffenen Gebiete der Südukraine wurden leergepumpt, sodass die Bauern nicht einmal Saatgut zurückbehalten durften, und die Hungersnot erfasste auch die Ost- und Zentralregionen der heutigen Ukraine.

Während die Hungersnot von 1932 bis 1933 in der Ukraine von der Sowjetmacht verschwiegen wurde, bat man in der Hungersnot 1921 bis 1923 um internationale Hilfen. Diese Kampagnen waren der erste Schritt auf dem Weg zu Handelsabkommen beispielsweise mit Großbritannien und somit zur Anerkennung der Sowjetunion und die Aufnahme diplomatischer Beziehungen durch das Vereinigte Königreich, Italien, Norwegen, Österreich, Griechenland, Schweiz, China, Dänemark und Frankreich. Als Ergebnis konnte die Sowjetregierung die dringend benötigten Maschinen einführen. Bezahlt wurde dafür mit dem ukrainischen Getreide, das den Bauern willkürlich weggenommen und im großen Stil ins Ausland verkauft wurde, was zur großen, verheimlichten Hungersnot 1932 bis 1933 in der Ukraine führte.

»Es ist das Jahr 1932, der Beginn der biblischen Hungersnot namens Holodomor. Noch bis vor kurzem galt die mit der fruchtbaren Schwarzerde gesegnete Ukraine als Kornkammer Europas, jetzt wird sie zum Leichenhaus. *Holod* ist das ukrainische Wort für Hunger, *mor* kommt von *moritj* – zermürben, quälen. Stalins großes Kollektivierungsexperiment, das später auch als Genozid am ukrainischen Volk in die Geschichte eingehen wird.

Obwohl es die Zeit der Aussaat ist, arbeitet niemand auf den Feldern, alles liegt brach. Die Enteignung der Bauern hat die gesamte ukrainische Landwirtschaft zum Erliegen gebracht. Die Bauern, die man von ihren Höfen vertrieben hat, irren umher, hausen auf der nassen Erde, meist Frauen mit ihren abgemagerten, kranken Kindern. Die Männer, die sich geweigert haben, ihr Eigentum der Kollektivierung zu opfern und in eine Kolchose einzutreten, hat man in Lager gebracht oder ermordet. Ganze Landstriche rottet der Hunger aus. Es gibt niemanden mehr, der die Toten begraben könnte. Sie verwesen da, wo sie gestorben sind. Es herrschen Wahnsinn und Kannibalismus.« (Mariupol, 213 f.)

Am 30. November 2022 erkannte der Deutsche Bundestag die vor 90 Jahren von der Sowjetführung in der Ukraine verursachte Hungersnot als Völkermord an. »Sie kam aus Mariupol« scheint das erste in deutscher Sprache verfasste literarische Werk zu sein, das das Verbrechen der Sowjetmacht am ukrainischen Volk thematisiert.

Die Verbrechen gegen das eigene Volk[28] hatten einen Systemcharakter. »Nie verlor meine Mutter die Angst vor dem langen Arm des Regimes, vor dem man in ihren Augen nirgends auf der Welt sicher war. Die Sowjets waren schuld am Fiasko ihres Lebens, sie hatten zahllose Menschen ermordet, sie hatten ihre Heimat zerstört und zwangen sie zum Leben in einem fremden Land.« (Mariupol, 48) Mit dieser Erinnerung an den Hass ihrer Eltern gegen Stalin und die Sowjetmacht stattet Natascha Wodin ihre Ich-Erzählerin bereits im ersten Teil des Romans aus. An einer anderen Stelle wird die Namensliste der »Opfer der Sowjetmacht von 1923 bis 1953« zitiert: »Allein für die Zeit von dreißig Jahren waren über vierzig Millionen Opfer angegeben.« (Mariupol, 110)

Natascha Wodin schildert die menschenverachtenden Umstände des Lageralltags von Lidia, der Tante der Ich-Erzählerin. Mit der Entscheidung für eine weibliche Figur spricht die Autorin ein weiteres, in der breiteren Öffentlichkeit kaum bekanntes Thema, das der Frauenlager, an. Auch den grausamen Umgang mit Kinderhäftlingen, unter denen sich viele Kinder der enteigneten Bauern oder als Feinde des Sowjetstaates abgestempelter Eltern befanden, spricht Wodin in ihrem Roman an. »In der Kolonie ›Polarkreis‹ sind zweitausend Kinder und Jugendliche zwischen acht und siebzehn Jahren untergebracht. Straßenkinder, Waisen, Häftlingskinder, solche, die schon im Kindesalter zu Verbrechern, sogar zu Mördern geworden sind.« (Mariupol, 227 f.) Diese Kolonie lag 20 Kilometer von Medweshja Gora entfernt direkt am Weißmeer-Ostsee-Kanal, einem der größten Vorzeigeprojekte der Sowjetunion im Westen.[29] Bedenkt man, dass dieser Kanal nur in 20 Monaten und ohne größere Maschinen gebaut wurde, kann man sich vorstellen, wie mit dort eingesetzten Häftlingen umgegangen wurde.

»Medweshja Gora ist eine Bahnstation in Karelien. […] Wenn man ihre Tante tatsächlich in dieses Lager verbannt hat, dann ist die Wahrscheinlichkeit gering, dass sie eines natürlichen Todes gestorben ist. Die Häftlinge dieses Lagers mussten den Weißmeer-Ostsee-Kanal bauen, eine etwa zweihundertdreißig Kilometer lange Wasserstraße, die das Weiße Meer mit der Ostsee verbinden und Leningrad den Seeweg zur Barentssee eröffnen sollte. Die Häftlinge mussten Tausende von Bäumen fällen, sie hatten so gut wie keine modernen technischen Hilfsmittel, sondern mussten den Kanal praktisch mit den Händen graben. […] Niemand weiß, wie viele Menschen beim Bau des Weißmeer-Ostsee-Kanals umgekommen sind, Schätzungen reichen von fünfzig- bis zweihundertfünfzigtausend. Viele starben direkt bei der Arbeit, sie versanken im Matsch und Schlamm, dort liegen sie bis heute begraben.« (Mariupol, 78)

Natascha Wodins Angaben zum Weißmeer-Ostsee-Kanal haben dokumentarischen Charakter.[30] In dem zum 85. Jubiläum des Kanals gedrehten Dokumentarfilm »Weißmeer-Ostsee-Kanals – die Verkehrsader des Nordens Russlands«[31] wurde dagegen mit keinem Wort erwähnt, dass Tausende von Häftlingen unter menschenvernichtenden Bedingungen bei seinem Bau umgekommen sind. Der stalinistische Terror und die Verbrechen des kommunistischen Systems werden im heutigen Russland tabuisiert. Die Aufarbeitung der NKWD-Verbrechen und des bolschewistisch-stalinistischen Erbes ist unerwünscht, ja gefährlich, wie die 15 Jahre Gefängnishaft beweisen, zu denen Ende 2021 der Historiker und Memorial-Mitarbeiter Juri Dmitrijew verurteilt wurde.[32] Gerade durch seine Bemühungen gelang es 1997, die Hinrichtungsstätte im Wald von Sandarmoch zu finden. Sie liegt in etwa 12 Kilometer von der Stadt Medweschjegorsk, ehemalige Bahnstation Medweshja Gora, entfernt. Während des Großen Terrors wurden hier zwischen Oktober 1937 und Dezember 1938 fast 10 000 Menschen hingerichtet.[33]

Die Figur des Enkels von Lidia, Kiril Zimov, verhilft zum Verständnis des Umgangs mit der Opfergeschichte. Er verkörpert den Selbsthass der Opfer, die den Narrativen der Mehrheit keinen Widerstand mehr leisten können, gebrochen werden und dem Status der Marginalisierten um jeden Preis entkommen wollen. Als Kind bekommt er durch seine Mutter und Oma »eine völlig falsche Vorstellung vom russischen Volk« (Mariupol, 133) und wird von seinen Altersgenossen ferngehalten. Aus seiner »virtuellen Welt der Mathematik« wird er mit der Volljährigkeit herausgerissen und kommt als Soldat zur Marine, wo er »die russische Schule des Lebens« (Mariupol, 134) durchlaufen muss. Hinter dieser Bezeichnung verstecken sich Erniedrigungen und Mobbing, denen junge Männer in der sowjetischen Armee, und insbesondere in der Marine, ausgeliefert waren. Er kommt psychisch krank zurück, bringt seine Mutter um und wird für schuldunfähig erklärt (ebd.).

Anhand unauffälliger Figuren wie Kiril, der Cousine Jewgenija, der ukrainischen Bediensteten Tonja sowie einer Reihe von Universitätsprofessoren erzählt Wodin menschliche Tragödien, die ideologisch-politisch bedingt waren. Neben dem Germanisten, Professor Bachmann, und dem Linguistikprofessor (Mariupol, 204 f.) wird insbesondere am Professor für Geschichte deutlich, wie Wissenschaft der neuen Ideologie angepasst und die Geschichte umgeschrieben wurde. Der Geschichtsprofessor, der seine Vorlesungen abermals mit einem Zitat von Drewljanen und Poljanen aus der Nestorchronik beginnt (Mariupol, 203), verschwindet einige Male, bis er endgültig nicht zurückkehrt. Hier handelt es sich um die Vorgeschichte der Rus' und ihre Gründung durch die Vereinigung verschiedener Stämme innerhalb einer Staatsform. Das wiederholte Zitieren aus der Nestorchronik dementiert entschieden die in der sowjetischen Geschichtsschreibung verbreitete These über eine – russische – Ethnie, die die Geschichte der Kyjiver Rus für sich beansprucht.[34]

Anhand der Schilderung der Situation an der Universität zeigt Natascha Wodin die sowjetische Politik der Korenisierung (Nativisierung, політика коренізації) auf, die in der Ukraine von 1923 bis 1930 dauerte. Um die unbeliebte kommunistische Ideologie an die Massen heranzutragen und gleichzeitig die sehr vitalen Nationalbewegungen zu schwächen, griffen die Bolschewiki zum »Zuckerbrot«, indem der ukrainischen Sprache der Vorrang verschafft wurde.[35] »Das Ukrainische wird von der Masse der Studenten, von der Partei und von der Leitung des ukrainischen Schriftstellerverbandes favorisiert. Alles Russische wird in stundenlangen Tiraden verteufelt.« (Mariupol, 206) Der Aufschwung der ukrainischen Kultur war ein listiger Zug der Bolschewiken, um die ukrainischen Intellektuellen zu vernichten. Ab 1930 kam die Peitsche zum Einsatz: Tausende ukrainischer Literat:innen, Komponist:innen, Wissenschaftler:innen, Ingenieur:innen, Offiziere wurden verhaftet und erschossen. In die ukrainische Geschichte ging diese Katastrophe als die erschossene ukrainische Renaissance[36] ein. Allein an dem bereits erwähnten Hinrichtungsort Sandarmach wurden anlässlich des 20. Jahrestages der Oktoberrevolution von 1917 vom 27. Oktober bis zum 4. November über 200 Ukrainer:innen erschossen.[37] Bei fast allen steht hinter dem Urteil »WMN«, wie auch bei dem Deutschen Paul Haag in Wodins Roman: »Er wird im Jahr 1937 als Volksfeind verhaftet und von einer Trojka verurteilt. Hinter dem Urteil stehen die Buchstaben ›WMN‹. Von Konstantin erfahre ich, dass die russische Abkürzung für *wysschaja mera nakazania* ist, für die Höchststrafe. Trojkagerichte dauern in der Regel nicht länger als fünf Minuten, das Urteil wird auf der Stelle vollstreckt.« (Mariupol, 183)

*

Nach dem Zusammenbruch der Sowjetunion fand in Russland als Nachfolgestaat keine kritische Auseinandersetzung mit der kommunistischen Vergangenheit statt, geschweige denn die Aufarbeitung zahlreicher Verbrechen des Stalinismus und Kommunismus, die systematisch verschwiegen wurden. Ganz im Gegenteil: Im postsowjetischen Russland entwickelte sich die Sehnsucht nach der Sowjetunion, die den Nationalsozialismus besiegte und als Großmacht den Wettlauf mit den USA aufnahm. Die Errichtung der Denkmäler für Stalin im heutigen Russland lässt keine Hoffnung zu, dass der stalinistische Terror, den Natascha Wodin in ihrem Roman am Schicksal von Lidia eindrücklich literarisiert hat, in der russischen Geschichtsschreibung differenziert aufgearbeitet wird.

Der in deutscher Sprache verfasste Roman ist an die deutschsprachige Leserschaft adressiert und thematisiert mit der Errichtung des Bolschewismus in der Südukraine und dem stalinistischen Terror in der Sowjetunion nicht nur geschichtliche Ereignisse, sondern die Verfolgung und Ermordung von Millionen von Menschen. Auch wenn der Rote Terror in den Historikerfachkreisen längst der Gegenstand der Untersuchung geworden ist,[38] scheint die breite deutschsprachige Öffentlichkeit nicht viel darüber zu wissen. Der Literatur, wie dem Roman »Sie kam aus Mariupol« von Natascha Wodin, kommt die Funktion zu, die breitere Öffentlichkeit für geschichtliche Ereignisse, die über die eigenen Landesgrenzen hinausgehen, zu sensibilisieren. Durch die Nennung der Namen von Personen und Orten, Kampagnen, den Verweis auf historische Dokumente *et cetera* führt Wodin ihre Leser:innen an die geschichtlichen Fakten heran. Die Betroffenheit und Erschütterung über die Schicksale der Figuren, an denen die Autorin diese geschichtlichen Ereignisse rekonstruiert, bewegt die Rezepient:innen ihrer Romane zur Beschäftigung mit der Geschichte, weckt Interesse für konkrete Ereignisse und Umstände und bildet nicht nur historisch, sondern verhilft zur Bildung eigener differenzierter Meinung über aktuelle gesellschaftlich-politische Ereignisse. Durch die Thematisierung der sowjetischen Geschichte erweitert Wodin das kulturelle Gedächtnis der deutschen Literatur und erzählt von geschichtsträchtigen Ereignissen, die das Denken und Handeln der Menschen bis in die Gegenwart beeinflussen und erklären.

1 Natascha Wodin: »Sie kam aus Mariupol«, Reinbek 2017. Im Folgenden werden Zitate aus diesem Roman mit dem Kurztitel »Mariupol« und der Seitenzahl im Fließtext angegeben. — **2** E. Zamyatin: »Мы« (Wir), New York 1952. Die erste russische Ausgabe erschien im Exil, im Chekhov Publishing House of the East European Fund, Inc. In der Sowjetunion wurde die Dystopie »Wir« erst 1988, 68 Jahre nach der Entstehung, veröffentlicht. Die Erstveröffentlichung erfolgte 1924 auf Englisch. — **3** George Orwell: »We by E.I. Zamyatin«, in: »The Collected Essays, Journalism And Letters Of George Orwell« 4, 1945–1950 (»In Front of Your Nose«) (1968), S. 72–73. Erstveröffentlicht wurde diese Rezension in der Zeitung »Tribune« am 4. Januar 1946. — **4** Natascha Wodin: »Die gläserne Stadt«, Reinbek 1983, Neuausgabe: Cadolzburg 2017/2020. — **5** Natascha Wodin: »Die gläserne Stadt«, Reinbek 1983, S. 104. — **6** Natascha Wodin: »Nachtgeschwister«, München 2011. — **7** Wodin: »Nachtgeschwister«, a.a.O., S. 5. Imre Kertész: »Galeerentagebuch«, übersetzt von Kristin Schwamm, Berlin 1999 (Erstauflage 1993), S. 9. Der Originaltitel »Gályanapló« erschien 1992. — **8** »Ich schaue und möchte die Zeit anhalten, ich fühle mich wie die letzte Zeugin einer untergehenden Realität, ihre einzige Protokollantin; ich befinde mich in einem ständigen Wettlauf mit der Zeit, der ich entreißen muss, was unentwegt zu Ende geht.« Wodin: »Nachtgeschwister«, a.a.O., S. 8. — **9** Kertész: »Galeerentagebuch«, a.a.O., S. 9. — **10** Ebd. S. 160. — **11** Кораблинов Владимир: »Мариупольская комедия«, Воронеж 1980. (Wladimir Korablinov: Mariupol-Komödie, Woronesch 1980). — **12** Vitalij Sjomin: »Zum Unterschied ein Zeichen«, aus dem Russischen von Alexander Kaempfe, Reinbek 1978. Die russische Originalausgabe erschien unter dem Titel »Нагрудный знак ›OCT‹«

(Abzeichen ›OST‹), zuerst in der Zeitschrift »Дружба народов« (Freundschaft der Völker) Nr. 4 und 5 /1976. Als selbstständige Buchausgabe erschien das Original 1978, im Todesjahr des Autors. Sjomins Roman und »Sorstalanság« (»Roman eines Schicksallosen«, 1975) von Kertész weisen sehr viele thematische Gemeinsamkeiten auf. — **13** Für den Bau dieses Kraftwerks – von 1957 bis 1960 war es das größte der Welt – wurden 134 000 Menschen umgesiedelt und 293 Ortschaften überflutet. Dadurch wurde die traditionelle Arbeits- und Wirtschaftsweise der Tataren, Baschkiren und Kalmyken zerstört. Vgl. E.A. Burdin: »Wolga-Kaskade des Wasserkraftwerks. Triumph und Tragödie Russlands«, Moskau 2011 (Е. А. Бурдин: »Волжский каскад ГЭС: триумф и трагедия России«, Москва 2011. — **14** Wolfgang Kasack: »Lexikon der russischen Literatur des 20. Jahrhunderts. Vom Beginn des Jahrhunderts bis zum Ende der Sowjetära« (Arbeiten und Texte zur Slavistik), München 1992, S. 393 f. — **15** Vgl. Natalia Blum-Barth: »Intermedialität und Migration. Zur Einwirkung der Musik auf die Literatur aus der Perspektive der Mehrsprachigkeit«, in: Gabriella Pelloni / Jevgeniia Voloshchuk (Hg.): »Sprachwechsel – Perspektivenwechsel. Merhrsprachigkeit und kulturelle Vielstimmigkeit in der deutschsprachigen Gegenwartsliteratur«, Bielefeld 2023, S. 107–128, insb. S. 122 f. — **16** Der ukrainische Komponist Mykola Lysenko (1842–1912) schrieb Musik für die Hymnen »Gebet für die Ukraine« und »Ewiger Revolutionär«, vertonte zahlreiche Gedichte von Taras Schevchenko, dem ukrainischen Goethe, schrieb Opern: »Weihnachtsnacht«, »Natalka Poltavka«, »Taras Bulba«, »Enejida«, Kinderopern »Koza-dereza«, »Pan Kozkyj«, »Winter und Frühling«, die bereits erwähnte Operette »Tchornomorzi«. Seine Opern begründeten nicht nur die ukrainische nationale Opernkunst, sondern thematisieren den jahrhundertelangen Kampf der Ukrainer für ihre Freiheit und Unabhängigkeit. Die wenigen Einspielungen aus der Sowjetunion – hauptsächlich von »Natalka Poltavka« – verfolgten das Ziel, das Werk des ukrainischen Komponisten zu vereinnahmen. Die für Stinson Records aufgenommene Schallplatte (Katalognummer 3023, vermutlich aus dem Jahr 1936, vgl. https://archive.org/details/78_the-shining-moon_mlysenko-state-ensemble-of-kiev-philharmonic-balalaika-players_gbia0509758a. Ähnlich auch die Aufnahme von Lysenkos Werken »Mist« und »Kosachok« (Stinson Records, Katalognummer 3024) bringt »The Shining Moon« und Gopak von Mykola Lysenko in der Begleitung von »Philharmonic Balalaika Players«. Es ging nicht um ein musikalisches Experiment, das ukrainische Volkslied und den ukrainischen Volkstanz mit Balalaika, dem Instrument der russischen Volksmusik, zu kombinieren, sondern darum, das Ukrainische zu tilgen und im Ausland als Russisches zu präsentieren. Erst 1951 erschien dank der Bemühung der ukrainischen Diaspora in Kanada die Einspielung der Werke von Mykola Lysenko in der Begleitung der Bandura-Kapelle (Katalognummer UK28 »Котилася ясна зоря з неба« (Die Sonne strahlte am Himmel) (A) und »В'язанка українських народних пісень« (Eine Sammlung ukrainischer Volkslieder) (B), Dirigent Volodymyr Boshyk; https://www.russian-records.com/details.php?image_id=43329). Bandura, eine Lautenzither mit bis zu 65 Saiten, ist ein Instrument der ukrainischen Volksmusik. Die Kombination von Bandura-Kapellen und Choralsängern entstand als Synthese der beiden beliebtesten Formen der ukrainischen Musik. — **17** Mykola Lysenko: »Tschornomorzi«, Operette in 3 Akten, Symphonisches Orchester des Ukrainischen Radios, Dirigent K. Simeonov, Chor des Ukrainisches Radios, Chorleiter J. Taranchenko, 1956 (Микола Лисенко: »Чорноморці«, оперета на 3 дії, Симф. оркестр УР, диригент К. Симеонов. Хорова капела УР, хормейстер Ю. Таранченко, 1956), https://www.youtube.com/watch?v=64W_Lb41lv4. — **18** Ausgehend mehr von ihrem weiblichen Sein als von ihrem Zarin-Status etablierte sich in der Literatur und Filmkunst bereits in den 20er und 30er Jahren des 20. Jahrhunderts das Bild von Katharina als Reformatorin, die die Europäisierung Russlands anstrebte. Für die ›Kollateralschäden‹ wie die Zerstörung anderer Länder und Ausrottung zahlreicher Volksgruppen im Zuge des Zivilisierungsprozesses Russlands haben sich vor allem die europäischen Filmemacher – Reinhold Schünzel, Ernst Lubitsch, Paul Czinner, Manuel Korloff – am wenigsten interessiert. Vgl. Ester Saletta: »Weiblichkeit – Macht – Literatur. Das Bild Katharinas der Großen in der Literatur, im Theater und in der Filmkunst der 1920er und 1930er Jahre«, in: Primus-Heinz Kucher / Rebecca Unterberger (Hg.): »Der lange Schatten des ›Roten Oktober‹.

Zur Relevanz und Rezeption sowjet-russischer Kunst, Kultur und Literatur in Österreich 1918–1938«, Berlin 2019, S. 423–438. — **19** Vgl. D.D. Bilyi: »Kubankosaken« und »Kuban« in: V.A. Smolij (Hg.): »Enzyklopädie der Geschichte der Ukraine«, Bd. 5: Кон – Кю, Kyjiw 2008, S. 436–440 (Д.Д. Білий: »Кубанське Козацьке Військо«, »Кубань« в: В.А. Смолій (голова редкол.) та ін. НАН України: »Енциклопедія історії України«, Т. 5: Кон – Кю, Київ 2008, с. 436–440), http://history.org.ua/LiberUA/ehu/5.pdf. — **20** Jakiv Kucharenko (1799 bis 1862) wurde in Kuban als Sohn eines vom Azovschen Meer vertriebenen Saporizker Kosaken geboren. Er war nicht nur Schriftsteller und Ethnograf, sondern Generalmajor der russischen Armee. Die nach Kuban umgesiedelten Saporizker Kosaken und ihre Nachfahren mussten für den russischen Zaren gegen adygeische Stämme, etwa Abadsechen und Schapsugen, kämpfen und ihre Gebiete erobern. Danach sollten die Familien der Kosaken von Kuban in den westlichen Teil des Kaukasus umgesiedelt werden. Vgl. Viktor Tchumatchenko: »Kucharenko Jakiv Herasymovych«, in: V.A. Smolij (Hg.): »Enzyklopädie der Geschichte der Ukraine«, Bd. 5: a.a.O. Jakiv Kucharenko: »Der Alltag von Tchornomorzi in Kuban 1794–1796« in: Kyjiw 1958, S. 267–328. (Я. Кухаренко: »Чорноморський побит на Кубані у 1794–1796 рр.«, in: Я.Г. Кухаренко: »Чорноморський побит. Українська драматургія першої половини XIX ст.: Маловідомі п'єси«, Київ 1958, с. 267–328. Elemente geografischer und ethnografischer Besonderheiten finden sich in Monologen, Dialogen und Anmerkungen des Autors zum Text. Tsvirkunka erzählt beispielsweise vom Weg zum Kuban »von Sansharov selbst bis zum Don«, Kucharenko: »Der Alltag von Tchornomorzi in Kuban«, a.a.O., S. 316, und über die Verachtung der Moskauer Herren, die die Ukrainer mit »chochol« und »bradjaga« beschimpften (ebd., S. 318, 320). — **21** Ivan Kotlyarevskyi gilt als Begründer der neuen ukrainischen Literatursprache. Sein Poem »Енеїда«, (»Aeneis«, 1798) markierte den Beginn einer neuen modernen ukrainischen Literatursprache. Taras Schewtschenko gilt als Reformator der ukrainischen Literatursprache und Schöpfer der neuen ukrainischen Literatur. — **22** V.I. Lenin: »Skizzen zu Thesen der Resolution über Sowjets«, in: Ders.: »Gesamtausgabe in 55 Bänden«, Moskau 1969, Bd. 31, S. 382–386, hier S. 384. (В.И. Ленин: »Наброски к тезисам резолюции о Советах, в: В.И. Ленин: »Полное собрание сочинений в 55-ти томах«, Москва 1969, Т. 31, с. 382–386). Vgl. auch Orlando Figes: »Die Tragödie eines Volkes. Die Epoche der russischen Revolution 1891 bis 1924«, aus dem Englischen von Barbara Conrad unter Mitarbeit von Brigitte Flickinger und Vera Stutz-Bischitzky, Berlin 2008, S. 623–687. — **23** Vgl. Paul Miliukov: »Rußlands Zusammenbruch«, Bd. 2, Stuttgart 1926, S. 212f. — **24** Das ukrainische Institut für Nationalgedächtnis: »Hungersnot 1921–1923. Einleitung« (Український інститут національної пам'яті: »Голодомор 1921–1923. Вступ«), https://old.uinp.gov.ua/publication/golodomor-1921-1923-vstup. — **25** ARA Medical Division sprach von zwei Millionen Opfern. Vgl. Norman Lowe: »Mastering Twentieth-Century Russian History«, Basingstoke 2002, S. 155; Bertrand M. Patenaude: »The Big Show in Bololand. The American Relief Expedition to Soviet Russia in the Famine of 1921«, Stanford 2002, S. 197. — **26** Bert-Oliver Manig: »Hungersnot in Russland vor 100 Jahren. Als die Sowjets Hilfen der American Relief Administration annahmen«, Deutschlandfunk 20.8.2021 https://www.deutschlandfunk.de/hungersnot-in-russland-vor-100-jahren-als-die-sowjets-100.html. — **27** Vgl. Miliukov: »Rußlands Zusammenbruch«, a.a.O., S. 222–224. — **28** Vgl. Nicolas Werth: »Ein Staat gegen sein Volk. Das Schwarzbuch des Kommunismus – Sowjetunion«, aus dem Französischen von Bertold Galli, München, Zürich 2002. — **29** In Zusammenarbeit mit anderen Schriftstellerkollegen gab Maxim Gorki einen Sammelband mit Pamphleten auf den Bau des Kanals heraus. Unter den Beitragenden waren auch Wiktor Schklowski und Wsewolod Iwanow. Vgl. Maxim Gorki / Leopold Awerbach / Semjon Firin (Hg.): »Der Weissmeer-Ostsee-Kanal«, Moskau 1934 (М. Горький, Л. Авербах, С. Фирин (ред.): »Беломорско-Балтийский канал имени Сталина«, Москва 1934. Ein Jahr später erschien dieser ›Lobgesang‹ auch in englischer Sprache: Maxim Gorky / Leopold Averbakh / Semen Georgievich Firin: »The White Sea canal: being an account of the construction of the new canal between the White Sea and the Baltic Sea«, übersetzt von Amabel Williams-Ellis, London 1935. — **30** Nina Frieß: »›Inwiefern ist das heute interessant?‹ – Erinnerungen an den stalinistischen Gulag im 21. Jahrhundert«, Berlin 2017, S. 46. — **31** Vgl. Dokumentarfilm »Der Weißmeer-Ostsee-Kanal – die Verkehrsader des Nordens Russlands«, 7.9.2018 (Документальный фильм »Беломорско-балтийский канал – артерия Севера России«), https://www.youtube.com/watch?v=z9IFbzCB4Lc — **32** Juri Dmitrijew: »Russisches Gericht verlängert Straflagerhaft für Stalinismusforscher«, in: zeit.online, 27.12.2021, https://www.zeit.de/politik/ausland/2021-12/juri-dmitrijew-haftstrafe-russland-justiz-memorial. — **33** Die Opfer können in drei Gruppen unterteilt werden: 4500 Bauern, die nach der Enteignung und Zwangskollektivierung nach Sibirien verschickt und beim Bau des Weißmeer-Ostsee-Kanals eingesetzt wurden, 1111 politische Häftlinge aus dem Lager auf den Solowezki-Inseln und 3500 Bewohner Kareliens. Die Hinrichtung dieser Menschen durch NKWD versuchte man in Russland zu vertuschen und die gefundenen Überreste als hingerichteten sowjetischen Soldaten in der finnischen Gefangenschaft darzustellen. Vgl. Ekaterina Makhotina: »Räume der Trauer – Stätten, die schweigen. Symbolische Ausgestaltung und rituelle Praktiken des Gedenkens an die Opfer des Stalinistischen Terrors in Levašovo und Sandormoch«, in: Jörg Ganzenmüller / Raphael Utz: »Sowjetische Verbrechen und russische Erinnerung. Orte – Akteure – Deutungen«, Berlin, München, Boston 2014, S. 31–58. — **34** Diese These vertrat beispielsweise Aleksandr Presnjakov: A. E. Presnjakov: »Vorlesungen zur russischen Geschichte«, Bd. 1: »Kyjiwer Rus«, Moskau 1938, S. 1–11 (А. Е. Пресняков: »Лекции по русской истории«, т. 1: »Киевская Русь«, Москва 1938, с. 1–11.) Vgl. auch Serhii Plokhy: »The Origins of the Slavic Nations. Premodern Identities in Russia, Ukraine, and Belarus«, Cambridge 2006, S. 18 f. — **35** Jurij Schapoval: »Nativisierung«, in: J. Levenez (Hg.): »Politische Enzyklopädie«, Kyjiw 2011, S. 365–367 (Юрій Шаповал: »Коренізація«, в: Ю. Левенець (Ред.): »Політична енциклопедія«, Київ 2011, с. 365–367. — **36** Diese Bezeichnung geht auf den Titel der von Jerzy Giedroyć initiierten Anthologie der ukrainischen Literatur 1917–1933: Jurij Lavrinenko (Hg.): »Die erschossene Renaissance. Anthologie 1917–1933. Poesie, Prosa, Drama, Essay«, Paris 1959 (Юрій Лавріненко: »Розстріляне відродження. Антологія 1917–1933: Поезія–проза–драма–есей«, Париж 1959). — **37** Liste der erschossenen Ukrainer:innen in Sandarmach (Список розстріляних у Сандармоху українців і вихідців з України) 28.10.2023, https://www.radiosvoboda.org/a/24477308.html. — **38** Vgl. u. a. Karl Schlögel: »Terror und Traum. Moskau 1937«, München 2008; Jörg Baberowski: »Der rote Terror. Die Geschichte des Stalinismus«, München 2003; Jan Claas Behrends / Nikolaus Katzer / Thomas Lindenberger (Hg.): »100 Jahre Roter Oktober. Zur Weltgeschichte der Russischen Revolution«, Berlin 2017.

Natalia Blum-Barth / Chrystyna Nazarkevytch

Das Verborgene sichtbar machen

Ein Interview mit der Übersetzerin des Romans »Sie kam aus Mariupol« ins Ukrainische

Natalia Blum-Barth: »Sie kam aus Mariupol«[1] *ist der erste Roman von Natascha Wodin, der ins Ukrainische übersetzt wurde. Wie ist der Verlag »21. Jahrhundert« auf dieses Buch aufmerksam geworden und was waren Ihre Motive, diesen Roman zu übersetzen?*

Chrystyna Nazarkevytch: Der kleine und feine Czernowitzer Verlag Knyhy-XXI, unter dessen Editionsschwerpunkten unter anderem auch übersetzte deutschsprachige Literatur steht, wurde eben von mir auf den Roman gleich nach dem Erscheinen aufmerksam gemacht. Nach einigen Monaten Zögern und Finanzierungssuche sind der Leipziger Buchpreis für den Roman und die Finanzierungszusage durch das Goethe-Institut zum endgültigen Argument für den Verlag geworden, die ukrainische Übersetzung des Romans zu edieren.

Meine persönlichen Argumente bleiben auch heute unverändert: Es ist ein in der Ukraine durchaus wichtiges Buch – sowohl als Erinnerung an die beinahe vergessene Geschichte der zivilen Bevölkerung der Ukraine in den 1940er Jahren als auch als einzigartiges Denkmal, ja Mahnmal der Stadt, die nun zum zweiten Mal identische Kriegsschrecken erleben musste und zum zweiten Mal zu 90 Prozent zerstört wurde. Nur diesmal, im 21. Jahrhundert, sind ihr die unsagbaren Leiden von den ehemaligen »Befreiern« zugefügt worden.

Die Geschichte der Zwangsarbeiter:innen war meiner Generation zwar noch bekannt, als die Akteure jener Zwangsverschleppungen noch lebten und Anfang der 1990er ihre Entschädigung vom deutschen Staat bekommen konnten (ich und meine Kolleg:innen vom Lehrstuhl für deutsche Philologie der Iwan-Franko-Universität Lwiw übersetzten damals oft für die Betroffenen ihre mit der Hand auf karierten Schulheftbogen kalligrafisch geschriebenen Zeilen, in denen die alten Menschen ihre Peiniger beziehungsweise Wohltäter:innen in Deutschland um die Bestätigung der Arbeitszeit in einem Bauerngehöft baten), aber bereits meine späteren Student:innen der Nullerjahre erfuhren diese Tatsache von mir mit weit aufgerissenen Augen, obwohl bei vielen ihre Urgroßeltern, wie es sich nach den Familienumfragen herausstellte, ihre jungen Jahre in Deutschland oder

Österreich als Zwangsarbeiter:innen verbracht hatten. Außer diesen offensichtlichen Argumenten fand ich die Mutter-Tochter-Geschichte im Roman einfach ergreifend. Also musste ich das Buch übersetzen.

N. B.: Sie sind nicht nur Übersetzerin und Übersetzungswissenschaftlerin, sondern eine promovierte Germanistin. In Ihrer Doktorarbeit befassten Sie sich mit linguistisch-stilistischen Strukturen in den Romanen Heinrich Bölls. Dieser Aspekt scheint gerade im Prozess der Übersetzung eines literarischen Textes sehr relevant zu sein. Können Sie bitte auf die linguistisch-stilistischen Strukturen in Wodins Roman »Sie kam aus Mariupol« eingehen und die mit ihnen verbundenen Herausforderungen während der Übersetzung charakterisieren?

C. N.: Die stilistische Struktur des Romans weist eine gewisse Asymmetrie auf, die mir als Übersetzerin in der Tat etwas zusetzte.

Gerade durch die Ungleichmäßigkeit seiner Teile ist die Struktur des Romans merkwürdig auffallend: von der gesprächigen und relativ ruhigen, wenn auch mit emotionalen Partien während der vermeintlichen Fundmomente der neuen familiären »Entdeckungen« einleitenden umständlichen Vorgeschichte der Romanidee über die detaillierte Nacherzählung der gefundenen Lebenserinnerungen der nie gekannten Tante, der älteren Schwester der Mutter, und den informativ dichtesten dritten Teil mit der Darstellung der unmenschlichen Lebens- und Arbeitsbedingungen der Arbeiter:innen mit dem Abzeichen OST auf der rechten Brustseite ihrer Kleidung bis zur Romanpointe, dem Weg der Mutter in den Tod, der Darstellung der Unausweichlichkeit des Roman- und Lebensabschlusses von Jewgenija Iwaschtschenko, der Mutter der Autorin Natascha Wodin.

Der Roman ist also in vier Teile gegliedert: Im ersten Teil berichtet die erzählende Autorin über den Ausgangspunkt, nämlich ihr komplettes Unwissen der Familiengeschichte und ihr wachsendes Staunen, das mit den Entdeckungen immer neuer Familiengeheimnisse, ja Familienskelette, verbunden sind. Es gibt in diesem Teil mehrere konkrete Details wie die Landschaft am Schaalsee, die Internet-Seite der Mariupoler Geschichte, den geheimnisvollen und im realen Leben doch existierenden Menschen, der eine Schlüsselrolle bei der Suche nach den Mariupoler Wurzeln spielt … Sogar der Geschmack der populären Kyjiwer Torte wird hier den Lesern erklärt (»eine unvergleichliche Köstlichkeit aus Baiser, Haselnüssen und Buttercreme«, S. 84). Die Übersetzungsaufgabe war: die Details möglichst zu überprüfen und bei ihrer Wiedergabe nichts auszudenken. Andererseits hinterlässt die Überfülle an sekundären Familieninformationen, die wie Puzzle-Teile im Teil hin- und hergeschoben werden, einen eher ratlosen Eindruck, was schließlich dazu führt, dass die Autorin eine gewisse Sinnlosigkeit ihrer Suche feststellen muss: »Meine Cousine hat mir mehr erzählt, als ich zu hoffen gewagt hatte, aber nach dem etwa zwei Stunden dauernden Telefonat [...] fühlte ich mich plötzlich völlig leer. [...] Ich wusste nicht mehr, wozu das gut gewesen wäre. Ich wusste nicht mehr, wonach ich eigentlich gesucht hatte, was mich all diese fremden Menschen angingen [...].« (S. 99)

Der zweite Teil ist eine Erzählung in der Erzählung und stellte mich vor Probleme besonderer Art. Da es eine Nacherzählung der aufgeschriebenen Lebenserinnerungen der Tante der Erzählerin ist, gibt es hier meistens den ziemlich gelungenen Versuch, die Sprache zu vereinfachen, sie an eine schnörkellose, gleichmäßige und auch subjektive Erzählung einer nie gekannten Person anzupassen. Andererseits sind es nicht bloß aus dem Russischen übersetzte Notizen, die alle Besonderheiten der persönlichen Schreibweise der Tante Lidia fixieren, sondern es ist eben nacherzählte, referierte Lektüre, über deren Protagonistin in dritter Person erzählt wird, was man etwa am folgenden Beispiel deutlich sehen kann: »Ich bin die Folge eines Ferienschecks, den irgendein sowjetischer Kader aus unerfindlichen Gründen meiner Tante, einer ehemaligen Konterrevolutionärin, ausgestellt hat.« (S. 238)

Der dritte Teil ist im Vergleich zum Tante-Lidia-Kapitel auffallend kurz. Es geht um die Situation der Zwangsarbeiter:innen in Deutschland mit einigen zitierten Quellen, die meistens den zugänglichen Internetseiten entnommen sind. Aber es gibt hier auch ein längeres Zitat von Franz Fühmann (S. 251–253), der ein Erlebnis aus der Kriegszeit notiert, sodass man eben diese stilistisch andere Stelle auch anders übersetzen sollte. In diesem Teil dominiert eine gewisse Trockenheit, die einer objektiven Wiedergabe der Situation der Zwangsarbeiter:innen im ›Deutschen Reich‹ während der Kriegszeit dienen soll. Gleichzeitig tritt hier die Mutter der Erzählerin bereits viel deutlicher als in den ersten zwei Teilen hervor: »blutjung, schön, unschuldig und völlig verloren« (S. 246), so beschreibt die Erzählerin ihre Mutter im Jahr der Heirat, mit der der dritte Teil beginnt. Aber schon drei Jahre später, nach den Monaten schwerster Arbeit im Flick-Konzern gibt sie den Lesern ein diametral anderes Bild: »Nass, hungrig und fast ohnmächtig vor Erschöpfung« (S. 292); die fatalen, unabwendbaren Folgen der Zwangsarbeit treten in Kraft, die Leser sind auf den Abschlussteil des Romans vorbereitet.

Im vierten Teil wird die eigentliche Geschichte der Mutter, die aus Mariupol nach Deutschland kam beziehungsweise gebracht wurde, erzählt. Mit den vorigen Teilen verglichen ist der letzte Romanteil besonders emotional; die Mutter, durch die Augen der Tochter gesehen, gleichzeitig gehasst und geliebt, wird endlich zur Zentralfigur der Narration. Der Teil, der mit der Geburt der Erzählerin beginnt, konfrontiert die beiden Gestalten Mutter und Tochter durchgehend. Es beginnt mit dem äußerlichen Kontrast: »Gegen sieben Uhr morgens bringt sie, eine unterernährte, von schwerer körperlicher Erschöpfung und Flucht gezeichnete Frau, ein überraschend kräftiges, gesundes Mädchen zur Welt« (S. 297). Die in diesem Teil thematisierte Befremdung zwischen Mutter und Tochter dauert bis zum Tod der Mutter: »Mit dem aufgelösten schwarzen Haar auf dem weißen Sargkissen sieht sie fremd aus, wie das Schneewittchen aus dem deutschen Märchenbuch« (S. 357).

N. B.: Viele Rezensenten beschreiben Wodins Stil als »lakonisch«[2]. Gleichzeitig gibt es im Roman auch poetische Stellen, etwa die Passagen über den Schaalsee (S. 18 f.), und märchenhaft-mythische Elemente: die Geschichte von der gläsernen Stadt und vom Findelkind (S. 304 f.). Welche Beobachtungen zum Stil und zu Stilregistern konnten Sie während der Übersetzung des Romans machen?

C. N.: Wie bereits gesagt, ändert sich der Erzählstil von Teil zu Teil. Je nachdem wie informativ eine Passage ist, wird der Stil bewusst sachlich, trocken und gewollt emotionslos. Die Stellen, in denen nicht imaginierte, sondern reale Erinnerungen eines Mädchens, das Angst vor den Melancholieanfällen der Mutter hat oder in der Schule gehetzt wird, oder Eier aus dem väterlichen wenig florierenden »Business« verkaufen soll, sind besonders lebendig und anschaulich, kein Wunder wohl: Da schreibt die Autorin über selbst erlebte und nicht recherchierte beziehungsweise nachgelesene Dinge.

Höchst poetisch und zart sind all die Stellen, die der Mutter gewidmet sind. Die Erinnerungen an die Mutter, die die Erzählerin nur bis zu ihrem zehnten Lebensjahr persönlich erleben konnte, müssen sich auf die wenigen erhaltenen Fotos stützen. Wodin beschreibt detailliert die Züge der Mutter, betrachtet die Fotos stundenlang und will daraus das erfahren, was ihr in ihrer Kindheit an unmittelbaren Eindrücken verweigert war: Auf dem Studiofoto mit der Mutter sieht die Mutter der Autorin, »ein junges Mädchen im Alter von etwa achtzehn Jahren«, dessen »linke Gesichtshälfte […] von einem Schatten verdunkelt« ist, »wie ein Kind« aus (S. 28). Die Autorin, die ihre Suche mit dem Wissen um das Lebensende der Mutter beginnt, meint, besondere Gesichtszüge bereits im Foto aus der Mariupoler Lebensperiode zu sehen: »[…] die Unschuld und Schutzlosigkeit in ihrem Gesicht sind mit einem erschreckenden Wissen gepaart. Schwer zu glauben, dass ein Mensch von solcher Zerbrechlichkeit so ein Wissen aushalten kann – als wäre ein Tonnengewicht an einem Zwirnsfaden aufgehängt.« (Ebd.) Merkwürdigerweise sagt das zum letzten Mal gesehene Gesicht der toten Mutter der damaligen Betrachterin und der späteren Erzählerin nichts: »Ihr Gesicht ist fern und verschlossen, es verrät nichts von den Umständen ihres Sterbens.« (S. 358)

N. B.: Inwieweit stellt die Mehrsprachigkeit des Textes, zum Beispiel die manifeste Mehrsprachigkeit – die Verwendung russischer Wörter, etwa »advokat« (S. 32) »parasitka, kretinka« (S. 317), »monaschka« (S. 319) –, eine Herausforderung bei der Übersetzung dar?

C. N.: Ja, die Mehrsprachigkeit ist im Grunde Verwendung der russischen Einsprengsel an einigen Romanstellen. Es gibt dabei einige polygrafische Mittel der Hervorhebung, wie Kursivschrift oder Anführungszeichen. Die Stelle mit Vaters Beschimpfungen, die im Original im transliterierten Russisch wiedergegeben werden, wird auch im Ukrainischen beibehalten: die russischen Schimpfwörter werden transkribiert, das heißt zwar kyrillisch notiert, aber an die russische Aussprache angepasst, also bewusst nicht ukrainisiert und damit als zitierte russische Wörter markiert, die den ukrainischen Lesern so zwar befremdlich, aber verständlich sind.

In der Geschichte vom Taufpaten der Mutter, einem Deutschen und Ehrenbürger der Stadt Mariupol Paul Haag, findet die Autorin seinen Namen im russischen Internet in einer Opferliste: »Er wird im Jahr 1937 als Volksfeind verhaftet und von einer Trojka verurteilt. Hinter dem Urteil stehen die Buchstaben ›WMN‹. Von Konstantin erfahre ich, dass das die russische Abkürzung für *wysschaja mera nakazania* ist, für die Höchststrafe. Trojkagerichte dauern in der Regel nicht länger als fünf Minuten, das Urteil wird auf der Stelle vollstreckt.« (S. 182 f.) In der Erzählung über die Stalinzeit in der Stadt verwendet die Autorin für die Macht, die hinter dem Terror stand, die Bezeichnung »Geheimpolizei«, in der ukrainischen Übersetzung wurde diese Verwaltungsstruktur konkretisiert, es wird ihre den Ukrainer:innen sehr gut bekannte Bezeichnung NKWD verwendet (russ.: Narodnyj Komissariat wnutrennich del, Volkskommissariat der inneren Angelegenheiten).

Einige Erklärungen der Autorin beim Gebrauch der dem deutschsprachigen Lesepublikum unbekannten Wörter, werden in der Übersetzung ausgelassen, wie etwa die Konkretisierungen »schwer bewaffnete Kampfwagen« für »Tatschankas«: »Mariupol ist zum wiederholten Mal in der Hand von Nestor Machno. Seine Schwarze Armee jagt auf Tatschankas, schwer bewaffneten, von Pferden gezogenen Kampfwagen, durch die Straßen [...].« (S. 179)

An einigen Stellen tauchen in der Übersetzung sogar zusätzliche Stellen auf Russisch auf, vor allem, weil sie sich logisch aus dem Erzählstrom ergeben. Konstantin schreibt in seinem ersten Brief an die Erzählerin über die (russische) Fernsehsendung »Wart auf mich«. In der Übersetzung wird der Originalname der auch den ukrainischen Fernsehzuschauern vertrauten Sendung »Zhdi menja« genannt. Wenn über das Straßensingen der Cousine in Kyjiw berichtet wird: »sang sie [...] die russische Fassung von Massenets berühmter ›Élégie‹, die in der Ukraine jeder kannte und die bestimmt einst auch ihr Vater gesungen hatte: ›Wo sind sie hin, die Tage der Liebe, der süßen Träume, des schönen Vogelgesangs ...‹« (S. 102), wird in der Übersetzung eben die russische Textvariante der Elegie zitiert, obwohl es auch einen ukrainischen Text gibt.

N. B.: Wie sind Sie in Ihrer Übersetzung mit den von Natascha Wodin zitierten Stellen russischer Literatur umgegangen, zum Beispiel mit dem Zitat von Anna Achmatowa (S. 116) und dem Gedicht Georgij Iwanows (S. 155 f.)? Griffen Sie auf die in ukrainischer Sprache vorhandenen Übersetzungen zurück?

C. N.: Ja, im Fall des Zitats des Gedichts »Requiem« von Anna Achmatowa zitiere ich aus der ukrainischen Übersetzung mit dem Verweis auf den Übersetzer Volodymyr Zatulyviter (1944–2003)[3] in der hinzugefügten Fußnote, vor allem weil es eine sehr gute und sehr genaue Übersetzung ist, außerdem war es mir wichtig, darauf zu verweisen, dass es in ukrainischer Sprache Übersetzungen aus dem Russischen gibt, und nicht zuletzt wollte ich die ukrainischen Leser:innen an diesen Übersetzer und Dichter erinnern.

Im Fall des Gedichts von Georgij Iwanow ließ ich die russische Originalversion. Im Roman wird die deutsche Übersetzung von Tatjana Senn verwendet, die in ihrer Publikation über diesen russischen Exildichter der ersten Hälfte des 20. Jahrhunderts im Jahr 2013 erschien.[4] Nach dem Vergleich des Originals mit der deutschen Übersetzung musste ich den Verlust des melancholischen Rhythmus des Gedichts feststellen. Ich beschloss hier dasselbe zu tun, was ich bereits im Roman »Mehr Meer« von Ilma Rakusa machte: den lyrischen russischen Text im Original zu zitieren. So bleibt im inneren Ohr der Leser:innen der traurige und langgedehnte Klang a-a-a – der in diesem Gedicht von Iwanow dominierend und sinntragend ist, zum Beispiel in der wiederholten Pluralform mit der Betonung auf die jeweilige zweite Wortsilbe: »snega, snega, polja, polja …« Die Zweisprachigkeit mehrerer Ukrainer:innen erlaubt ihnen vor allem in den Texten, in denen es um eine Vermischung der Sprachen geht, von beiden Sprachen Gebrauch zu machen. Ich glaube, im Fall der Übernahme der Gedichte im Original geht es in erster Linie nicht um die vermeintliche Unübersetzbarkeit der Lyrik, sondern eben darum, dass hier darauf hingewiesen wird, in welcher Sprache die Hefte der Tante Lidia verfasst sind. Das Gedicht von Iwanow bildet eine Art Motto zu den Lebenserinnerungen, es steht auf der ersten Seite des Heftes geschrieben.

N. B.: Neben intertextuellen Bezugnahmen auf die namentlich genannten Autorinnen und Autoren zitiert Natascha Wodin in diesem Roman aus Vladimir Korablinovs Novelle »Mariupolskaja komedija«. Dabei nennt sie weder den Autor noch das Werk und betont diese Nicht-Nennung (S. 14). Wie geht man mit solchen intertextuellen Bezugnahmen in der Übersetzung um? Inwieweit dürfen beziehungsweise sollen die Übersetzer:innen das Verborgene des Textes offenlegen beziehungsweise kommentieren?

C. N.: Ich denke nicht, dass die Autorin an der Stelle, wo sie Korablinov zitiert, den Autor verschweigen wollte. Es geht eher darum, wie viel zusätzliches Wissen man den Leser:innen geben will. Ich bin sicher, dass bei jeder Übersetzung ein großer Teil der Intertextualität verloren geht, verloren gehen muss, aus dem einfachen Grunde, dass die Intertextualität – wenn sie nicht erkennbar wird – ihre Palimpsest-Bindemittel-Rolle nicht erfüllen kann. Und wenn für einen deutschen Leser die Intertextualität mit einem in sowjetischer Zeit in russischer Sprache geschriebenen Text nicht von Bedeutung sein kann, ist es im Fall der ukrainischen Übersetzung eine Intertextualität, die ein Recht hat zu bestehen. Es ist einer der Texte, die den historischen Mythos der Stadt Mariupol aufrechterhalten. In meiner Übersetzung lege ich das Verborgene offen, indem ich in der Fußnote den Autor und den Text nicht nur nenne, sondern auch kurz als »russischen sowjetischen Autor« charakterisiere. Um die auf Deutsch zitierte Passage adäquat zu übersetzen, habe ich das russische Original der Novelle ausfindig gemacht, allerdings ohne zu große Mühe (gelobt sei Google heute und in Ewigkeit). So können nun auch Wodins Leser:innen vorgehen und ein weiteres Mariupoler Buch in ihre mentale Stadtmappe hinzufügen. Mehr noch, ich muss hier eine Vorgehensweise gestehen, für die ich mich – und gegen den Wunsch der Autorin – entschlossen habe. Ich erwähne in meiner Fußnote namentlich einen anderen Autor, auf dessen Buch sich Natascha Wodin in ihrem Text bezieht, ohne ihn zu nennen. Es ist wohl mit meinem persönlichen Erlebnis verbunden: Die ukrainische Übersetzung wurde ja noch vor dem Erscheinen des Buches bei dem deutsch-ukrainischen Autor:innentreffen »Brücke aus Papier« 2018 in Mariupol in Online-Anwesenheit von Natascha Wodin präsentiert. Ein Mann, der sich gekränkt fühlte, im Roman nicht namentlich erwähnt worden zu sein, versuchte sogar bei der Veranstaltung ein klein bisschen zu randalieren. Nach der Lesung hatte ich ein Gespräch mit ihm und beruhigte ihn, dass in der ukrainischen Ausgabe sein Name genannt wird. Es war ein impulsiver Beschluss mit dem Ziel, den aufgeregten Heimatkundler zu beschwichtigen. Aber auch ein Anlass darüber nachzudenken, dass übersetzte Bücher eine andere Rezeptionsgeschichte bekommen als Originale. Und auf den anderen Boden übertragen, werden sie andere Verbindungen knüpfen und bestimmt eine andere Intertextualität entwickeln. Der Mann, dessen Buch über einen angeheirateten Verwandten in der Familie der Romanprotagonistin einen weiteren Tipp zum Roman gab und die Autorin wegen der fehlenden persönlichen Erfahrung mit der Stadt ihrer Mutter in einigen Schlüssen bekräftigte, war zur Zeit der Romanentstehung eine der real existierenden Bezugspersonen in der Stadt und war wohl für viele zukünftige Romanleser:innen vertrauter und realer als die deutsche Autorin, die einen Roman über die Vergangenheit der Stadt fabulierte.

Im Roman stellte die in Kyjiw lebende Cousine eine einzige Frage an die Erzählerin: »Sie wollte wissen, ob ich schon einmal in Mariupol war. Es wäre höchste Zeit für mich gewesen, mich auf den Weg dorthin zu machen, den Herkunftsort meiner Mutter mit eigenen Augen zu sehen.« (S. 102). Für die Autorin bleibt Mariupol ihre »gläserne«, nie gesehene Stadt, daher sind oft auch Texte oder Menschen aus Mariupol für sie Phantasmen ähnlich, die über eine ephemere, nie als wirklich real empfundene Stadt berichten. Sehr viele Leser:innen des auf Ukrainisch erschienenen Buches kennen die Stadt, haben darin vielleicht gelebt, und jeder Faden, der zur Stadt führt, kann für sie, besonders nach dem äußerst dramatischen Frühling 2022, von Bedeutung sein.

Um noch einmal auf die Wendung »das Verborgene des Textes« in Ihrer Frage zu kommen, muss ich die Erfahrung bei dem von der Kulturmanagerin Verena Nolte 2018 organisierten Autor:innentreffen in Mariupol betonen: Jetzt erst wird uns bei dem Dokumentarfilm »Nachtzug nach Mariupol« (2018) von Wanja Nolte das Ausmaß der Mariupoler Tragödie 2022 verständlich, als die Stadt, die wir so blühend und glücklich fünf Jahre vor dem Beginn des großflächigen Krieges erlebten, von den russischen Truppen ausgelöscht wurde, zu einer Geisterstadt gemacht. Unter solchen Umständen muss das Verborgene sichtbar werden, mindestens für die Ukrainer:innen.

N. B.: Natascha Wodin ist eine deutschsprachige Autorin russisch-ukrainischer Herkunft. Die intertextuellen Bezüge zur russischen Literatur in ihren Werken sind der Ausdruck ihrer russischen Herkunft. Im Roman »Sie kam aus Mariupol« lassen sich auf der thematischen Ebene – etwa die Darstellung der großen Hungersnot 1932 bis 1933 – auch die Spuren der ukrainischen Herkunft ausmachen. Welche weiteren Zeugnisse der ukrainischen Herkunft sind Ihnen im Prozess der Übersetzung aufgefallen?

C. N.: Ja, es gibt bedauerlicherweise nicht zu viele Bezüge zur ukrainischen Kultur, was allerdings auch verständlich ist, wenn man die heterogene Herkunft der Protagonistin und auch der Autorin berücksichtigt. Eine bestimmte Verachtung der ukrainischen Seite ihrer Identität wird in den Erinnerungen der Tante Lidia ziemlich konsequent demonstriert. Andererseits kann man gerade im Memoirenteil des Romans viele Informationen über die Jahre nach dem Sieg der bolschewistischen Revolution im Süden der Ukraine erfahren: über die Zeit der Neuen Ökonomischen Politik, NEP, die unbeschwerten Ferien bei einem Onkel, der bei Cherson »ein noch nicht konfisziertes Weingut« (S. 192) besaß, die Studentenzeit in Odessa Ende der 1920er Jahre in der Zeit der Ukrainisierung der öffentlichen Strukturen in der Sowjetukraine. In ihren Aufzeichnungen erzählt Lidia über die kurze Zeit des Übergangs zum Ukrainischen als Unterrichtssprache: »Auch in Physik und Chemie profitiert Lidia von ihren Kenntnissen der ukrainischen Sprache, die sie ihrer Kinderfrau Tonja verdankt. Die meisten Professoren beherrschen nur die in Misskredit geratene russische Sprache, die man in der Ukraine nach der Revolution zur Sprache einer chauvinistischen Großmacht erklärt hat« (S. 201 f.), oder »Immer wieder entbrennen hitzige Diskussionen darüber, in welcher Sprache der Unterricht abgehalten werden soll, auf Russisch oder Ukrainisch. Das Ukrainische wird von der Masse der Studenten, von der Partei und von der Leitung des ukrainischen Schriftstellerverbandes favorisiert. Alles Russische wird in stundenlangen Tiraden verteufelt. Im Vestibül der Universität hängt ein großes Plakat: ›Auf dem Universitätsgelände darf nicht Russisch gesprochen werden.‹ Es wird alles Mögliche gesprochen, Deutsch, Jiddisch, Englisch, Französisch, Griechisch, Italienisch, aber Russisch, das alle sprechen und verstehen, ist verboten.« (S. 206). Nach Stalins Säuberungen wird in Odessa letztendlich keine der vielen, im Zitat aufgezählten Sprachen gesprochen, nur das Russische, was dieser einst multikulturell schillernden Stadt einen zu engen Rahmen bis ins 21. Jahrhundert hinein verlieh. Gerade in dieser knappen Passage können die aufmerksamen Leser:innen etwas über den damals misslungenen Versuch der Ukrainer:innen erfahren, eigene Identität aufzubauen. Die Russischkenntnisse der Professoren sind ein Beweis für die komplette Verdrängung des Ukrainischen aus dem Studien- und Wissenschaftsbereich im Zarenrussland, gleichzeitig kann man über den Aufschwung des Strebens nach der historischen Gerechtigkeit erfahren, was sich unter anderem im Vertreiben des aufgezwungenen Russischen aus den öffentlichen Strukturen manifestierte. Lidia, die ja selbst aus der sozial hohen Klasse stammte, also aus dem Milieu, wo das Russische in der Zarenzeit ein Erfolgsmarker war, stellte sich, trotz der ziemlich progressiven Lebensansichten, die sie hatte, an die Seite der Unterdrücker und ihrer Sprache und wollte keine Solidarität mit der Sprache ihrer Hausdienerschaft vor der Revolution zeigen, das wird schließlich von der Autorin auch vermerkt: »Von ihr [der ukrainischen Kinderfrau] lernt sie die ukrainische Sprache, die für ihre Eltern nur ein primitiver russischer Dialekt ist.« (S. 165)

Gerade im Abschnitt über die Studienzeit der Tante Lidia in Odessa gibt es eine Stelle, die der Autorin als Ausdruck einer gewissen Arroganz gegenüber der ukrainischen Kultur vorgeworfen werden kann. Lidia schreibt ihre literaturwissenschaftliche Diplomarbeit »innerhalb von drei Tagen« ausgehend von einer »aus der Luft gegriffenen These« (S. 218) – nämlich, dass Gorkis Werk von Kozjubinskij stark beeinflusst worden sei. Lidias Mokieren über die Situation, in der sie die höchste Note bekam, nimmt die Nacherzählerin ernst, ohne für die deutschsprachigen Leser, die wohl Maxim Gorki viel besser kennen als den brillanten ukrainischen Modernisten der Jahrhundertwende Mychajlo Kozjubynskyj, jeglichen Kommentar zu geben. Die Autorin, die als Vertreterin russischer Kultur diese These für puren Unsinn hält, nimmt die Bezeichnungen von Lidia nicht einmal in

Anführungszeichen, wenn die schreibt: »Für den Bockmist, den sie verzapft hat, bekommt sie eine Eins« (S. 218). Die beiden Autoren, der Ukrainer Kozjubynskyj (1864–1913) und der Russe Gorki (1868–1936) waren wirklich befreundet, der Ukrainer besuchte Gorki auf der Insel Capri; Gorki bewunderte das Schaffen seines Kollegen und des sprachmächtigsten ukrainischen Autors Kozjubynskyj. Dass Natascha Wodin das mit keinem einzigen Wort erwähnt, sondern mit Genuss – wie es scheint – quasi das ganze Schaffen von Kozjubynskyj zum »Bockmist« erklärt, ist eine unangenehme Tatsache im Roman, die ich in der Übersetzung gerade durch die, in meinem Verständnis so wichtigen, Anführungszeichen zu mildern versuchte. Umso schmerzhafter war die Verteidigung der russischen Literatur durch Wodin in ihrem Beitrag in der Zeitung »Der Tagesspiegel« gegen die »regelrechten Hassorgien« der Ukrainer betreffend die russische Kultur.[5] Es war schmerzhaft, weil die Autorin damals das Fehlen jeglicher Empathie für die schreiende Ungerechtigkeit, die den Menschen in der Ukraine widerfahren ist, zeigte.

Nichtdestotrotz leitet der Text einen Autor beziehungsweise eine Autorin und nicht umgekehrt. Deshalb gibt es im Roman »Sie kam aus Mariupol« mehrere für aufmerksame Leser informative und aufschlussreiche Stellen, wie etwa die Erwähnungen der Hungersnot in der Ukraine: »Im Frühjahr werden die Studenten in die umliegenden Dörfer geschickt, wo sie die Gründung von Kolchosen vorantreiben. […] Es ist das Jahr 1932, der Beginn der biblischen Hungersnot namens Holodomor. Noch bis vor Kurzem galt die mit der fruchtbaren Schwarzerde gesegnete Ukraine als Kornkammer Europas, jetzt wird sie zum Leichenhaus. *Holod* ist das ukrainische Wort für Hunger, *mor* kommt von *moritj* – zermürben, quälen. Stalins großes Kollektivierungsexperiment, das später auch als Genozid am ukrainischen Volk in die Geschichte eingehen wird.« (S. 213). Auch hier fällt die Begriffserklärung der Autorin in der ukrainischen Übersetzung aus, weil das Wort, das das Kollektivtrauma der Ukrainer:innen bedeutet, in seiner Etymologie bekannt und verständlich ist. Was im Gedächtnis bleibt, ist das Bild der Schwester des Kindermädchens Tonja, die ausgehungert aus letzten Kräften nach Mariupol zur Schwester findet: »Zum ersten Mal hört Lidia das Wort ›Zwangskollektivierung‹. Die Enteignungskommandos hatten den Bauern in Marfas Dorf alles weggenommen, was sie besaßen, bis zum letzten Hühnerei, bis zum letzten Getreidekorn.« (S. 188) Auch wenn in diesem Fall Lidias Erinnerungen an zwei Hungerwellen in der Ukraine in der ersten Hälfte des 20. Jahrhunderts verschmelzen, den Hunger der 1920er Jahre und danach die Todeswelle der Hungersnot in den 1930er Jahren, bleibt im Gedächtnis als Hungerdrama haften, das von der Autorin ziemlich detailliert recherchiert wurde und realistisch dargestellt wird: »Die Enteignung der Bauern hat die gesamte ukrainische Landwirtschaft zum

Erliegen gebracht. Die Bauern, die man von ihren Höfen vertrieben hat, irren umher, hausen auf der nassen Erde, meist Frauen mit ihren abgemagerten, kranken Kindern. Die Männer, die sich geweigert haben, ihr Eigentum der Kollektivierung zu opfern und in eine Kolchose einzutreten, hat man in Lager gebracht oder ermordet. Ganze Landstriche rottet der Hunger aus. Es gibt niemanden mehr, der die Toten begraben könnte. Sie verwesen da, wo sie gestorben sind.« (S. 214)

Das Thema Hungersnot hat die Autorin wirklich sorgfältig recherchiert. Was mir persönlich aber im Roman fehlt, sind genauere Informationen über Medweshja Gora, den karelischen Lagerort, der zum Strafort für Tante Lidia und zum Schauplatz einer erschütternden Geschichte der Erschießung von über zehntausend Häftlingen wurde, unter denen die wichtigsten Vertreter der ukrainischen Kultur jener Zeit waren. Tante Lidia konnte das nicht wissen, weil die Menschenrechtsorganisation Memorial die Massengräber der Ermordeten erst 1997 entdeckt hat. Inzwischen gab es zwei Verhaftungen des damaligen Memorial-Aktivisten Juri Dmitrijev, der die Ausgrabungen in der Schlucht Sandarmoch bei Medweshja Gora initiiert hat. 2021 wurde die Organisation in Russland endgültig verboten, jetzt werden die Beweise jener Verbrechen der Stalinzeit sorgfältig vertuscht. Die Geschichte von Tante Lidia erscheint viel zu harmlos, wenn im Text keine, noch so minimale Anspielung auf das Ausmaß der kommunistischen Verbrechen der 1930er Jahre in demselben Ort um dieselbe Zeit steht.

N. B.: Analysiert man die Erzählsituation im Roman »Sie kam aus Mariupol«, so kommt man zum Schluss, dass sich die Erzählerin weder den Hauptfiguren noch den Leser:innen verbunden fühlt. Vielmehr scheint sie auf sich selbst bezogen zu sein, was im vierten Teil, in dem die kindliche Erzählperspektive dominiert, besonders deutlich wird. Inwieweit fanden die »Funktionen des Erzählers« (Genette) bei der Übersetzung Beachtung? Wurden Sie mit Übersetzungsproblemen konfrontiert, die an die Erzähltechnik gebunden sind?

C. N.: Ja, deutliche Probleme bei dem Treffen der richtigen Intonation hatte ich, wie gesagt, im zweiten Teil des Romans. Da es eine Nacherzählung und referierende Übersetzung der Notizen der unbekannten russischsprachigen Tante der Erzählerin ist, werden hier durch die Stilvereinfachung die Besonderheiten der persönlichen Rede von Tante Lidia fixiert, aber auch die Erzählerin mischt sich mit ihren Kommentaren in den Erzählstrom, unterbricht die zitierten Erinnerungen mit eigenen Überlegungen und Erinnerungen aus ihrer Zeit. Es gibt auch zitierte Stellen, die im Original nur durch ihre Schlichtheit oder durch das Verwenden einer bestimmten Lexik der Vorkriegszeit in der SU auffallen. Gerade an diesem Teil habe ich besonders lange herumlaboriert: Tempusformen hin- und hergewechselt, Anführungszeichen hinzugefügt, gelöscht, wiederverwendet, Namen einer gebräuchlicheren Weise angepasst, wie etwa Lida und nicht Lidia.

Als Beispiel möchte ich eine für diesen Teil ziemlich charakteristische Textstelle anführen: »Abends, nach getaner Arbeit, versammelt Großvater Giuseppe oft die Familie um sich. […] Irgendwann sagt der Großvater: ›Komm, Matilda, sing uns was.‹ Lidias Mutter hat eine ungewöhnlich schöne, dunkle Stimme, einen warmen Kontra-Alt, mit dem sie neapolitanische Lieder singt, Opernarien, Romanzen. […] Nichts in meinem Gedächtnis antwortet, während ich vom Gesang der Mutter meiner Mutter lese. Dabei ist es unmöglich, dass meine Mutter mir nichts davon erzählt hat, denn von dort muss es hergekommen sein, ihr eigenes Singen, von ihrer Mutter und zweifellos auch von ihrem Bruder Sergej. Immer sang sie, wenn sie nicht weinte oder entrückt war in ihr unheimliches Schweigen. […] Wir alle sangen […] Und wenn wir zu Hause sangen, meine Mutter, mein Vater, meine Schwester und ich, wenn unsere Stimmen ineinanderflossen, dann gehörten wir zusammen, bildeten eine Familie, ein Wir, das es sonst nie gab. Die Singstimme ihrer sonst so kühlen Mutter, schreibt Lidia, war voller Wärme, voller Magie und Zärtlichkeit.« (S. 167 f.)

An diesem Beispiel lässt sich gut zeigen, wie die Autorin die Zeitregister miteinander verflicht, und die Tatsache, dass die Erzählung auf drei Zeitebenen geführt wird (der Kinderzeit von Lidia vor der Revolution 1917, der Kinderzeit von Erzählerin Anfang 1950er Jahre und der Lesezeit der Memoiren im zweiten Jahrzehnt des 21. Jahrhunderts), erschwert die Lektüre nicht weniger als der doppelte Gebrauch des Wortes »Mutter«: für Lidias Mutter, das heißt die Großmutter der Erzählerin, und für die Mutter der Erzählerin, die eigentliche Figur des Romans »Sie kam aus Mariupol«.

Auch Lidia erwähnt einmal in diesen Notizen die Mutter der Erzählerin, das heißt Lidias kleine neugeborene Schwester, die das Unglück hatte, mitten in die Ereignisse des bolschewistischen Machtkampfes im ukrainischen Süden geboren zu werden: »Eigentlich, so schreibt Lidia, sollte die Taufe meiner Mutter schon einen Tag früher stattfinden. Aber diesen Tag müssen sie im Keller des Hauses verbringen, weil draußen unentwegt geschossen wird. Man kann nicht vor die Tür, weil es im Hof Kugeln hagelt. Vor der kirchlichen Taufe, bemerkt Lidia lapidar, erhält ihre kleine Schwester die Feuertaufe.« (S. 183). Man kann an dieser Stelle deutlich die Verflechtung der beiden Stimmen sehen, die der Lebensnotizen der Tante und die der Erzählerin, was sich im Wechsel von der Tochterperspektive, »die Taufe meiner Mutter«, zur Perspektive der älteren Schwester, »ihre kleine Schwester«, äußert.

N. B.: Natascha Wodin ist nicht nur Schriftstellerin, sondern auch literarische Übersetzerin aus dem Russischen ins Deutsche. Das Thema der Übersetzung erwähnt sie auch im Roman »Sie kam aus Mariupol« (S. 37). In welchen weiteren Ausdrucksformen manifestiert sich die Übersetzerin Wodin im literarischen Text?

C. N.: Ja, stimmt voll und ganz. Natascha Wodin erwähnt nicht nur ihren Kollegen Alexander Kaempfe namentlich und auch das von ihm übersetzte Buch »Zum Unterschied ein Zeichen« von Vitalij Sjomin, sondern und vor allem übersetzt sie selbst für ihr Buch mehrere Seiten Text: ihren Briefwechsel mit russischsprachigen Beamten oder dem *Azov-Greek*-Vermittler Konstantin, die ihr zugänglich gemachten Unterlagen des Onkels, Verhörprotokolle aus der Stalinzeit und auch die Memoiren der Tante Lidia, die von der heterodiegetischen Erzählerin im zweiten Teil des Romans auf Deutsch referiert werden. Den Gebrauch einiger russischer Realien und kommentierenden Erklärungen für die Begriffe auf Deutsch habe ich bereits oben erwähnt.

N. B.: Die ukrainische Übersetzung des Romans erschien 2019. Wie wurde das Buch in der Ukraine von der Literaturkritik und vom Lesepublikum aufgenommen? Was erschwert beziehungsweise erleichtert die Rezeption des Textes?

Das Buch wurde von den ukrainischen Leser:innen ziemlich enthusiastisch begrüßt. Die Tatsache, dass die Ukraine und ein Kapitel der ukrainischen Geschichte in deutscher Sprache thematisiert wurde, spielte bei der Rezeption eine zusätzliche Rolle. Mit dem Beginn des Krieges 2022 wurden in den Sozialen Netzen nicht selten einzelne Stellen aus der Beschreibung der Stadt Mariupol im Zweiten Weltkrieg zitiert, mit Erstaunen, dass die Geschichte sich auf diese grausame Weise wiederholt.

Die Rezeption in der Kriegszeit wurde jedoch durch den oben bereits erwähnten Artikel der Autorin, die den eindeutig wütenden Diskurs der Ukrainer:innen zu Beginn des großen Krieges als »rassistisch« verurteilte, getrübt. Es gab sogar seitens des Verlags eine kurze Erwägung, ob das Buch nicht doch aus dem Programm genommen werden sollte. Es wurde zwar nicht herausgenommen, aber nach der ausverkauften Auflage beschloss der Verleger, keine weiteren Exemplare zu drucken, denn – wie viele andere – konnte er für die fehlende Empathie der Autorin für die vernichtete Stadt der Mutter kein Verständnis finden.

Unter den kritischen Stimmen zum Buch würde ich als eine der interessantesten die von der Literaturkritikerin Hanna Uljura nennen, deren Augenmerk auf das im Roman verschlüsselte Trauma der Herkunft gerichtet ist. Der Beitrag wurde unter dem Titel »Wer wird das verlorene Kind retten?« (ukr. »Хто врятує загублене дитя?«) auf der Internetplattform »Zbruč« veröffentlicht (https://zbruc.eu/node/97706) und behandelte mit peinlicher Genauigkeit die dunklen Stellen der Zeugung im Buch, die von der Erzählerin als eine Reihe von Vermutungen dargestellt werden. Hanna Uljura sieht in den meisten Geschichten der verlorenen Kinder den Protomythos von Moses als Findelkind. Das Weinen bedürfe keiner Übersetzung, schreibt die Kritikerin. Ob aber die Tatsache, dass die Kinder verloren sind, ihnen helfe, einen Weg ins Gelobte Land zu finden?

N. B.: Vielen Dank für Ihre ausführlichen und sehr aufschlussreichen Antworten.

1 Natascha Wodin: »Sie kam aus Mariupol«, Reinbek 2017; Наташа Водін: »Вона була з Маріуполя«, переклад Христини Назаркевич, Чернівці 2019. Wenn nicht anders angegeben, wird in diesem Interview aus dem deutschen Original nur mit der Seitenangabe im Fließtext zitiert. — **2** Vgl. Paul Jandl: »Vor Stalin geflohen, bei Hitler gelandet«, in: welt.de, 22.3.2017; Wolfgang Schneider: »Ratlos im Unrat«, in: tagesspiegel.de, 27.2.2017; Helmut Böttiger: »Dann spielt die Mutter Chopin«, in: zeit.de, 7.3.2017; Hans-Peter Kunisch: »Weiße Hände, dunkle Zeit«, in: sueddeutsche.de, 15.3.2017. — **3** Volodymyr Zatulyviter (Володимир Затуливітер) war Journalist, Dichter und Übersetzer. Er hinterließ zehn Lyrikbände, die mit ihrer originellen, eigentümlichen Metaphorik faszinieren. — **4** Tatjana Senn: »Georgij Ivanov. Die russischen Jahre im literarischen und historischen Kontext«, München, Berlin, Washington 2013. — **5** Natascha Wodin: »Keine falsche Solidarität mit der Ukraine«, in: »Der Tagesspiegel«, 12.4.2022.

Jörg Magenau

Natascha Wodin: eine Berichterstatterin von schmerzlicher Genauigkeit

Als Natascha Wodin zu schreiben begann, war sie eine Fremde. Sie war es in vielfacher Hinsicht. Schon ihr 1983 erschienenes Debüt »Die gläserne Stadt« handelte davon. Fremd und unzugehörig war sie als Tochter einer ukrainischen Mutter und eines russischen Vaters, die als Zwangsarbeiter im Krieg nach Deutschland verschleppt worden waren. Als Kind von »Displaced Persons« wurde ihr die Unzugehörigkeit gewissermaßen eintätowiert. Auch wenn sie in der Schule Deutsch zu sprechen lernte, blieb sie die Russin und also die Fremde, und sie blieb es auch später als Übersetzerin und Dolmetscherin aus dem Russischen – ihr Beruf, bevor sie freie Schriftstellerin wurde.

Displaced, deplatziert, am falschen Ort. Das galt für die Zehnjährige, die durch das Fenster des Leichenschauhauses ihre tote Mutter betrachtete, die sich im Wasser der Regnitz das Leben genommen hatte. Das galt für die fünf Jahre, die das Mädchen in einem katholischen Kloster in Bamberg verbrachte. Das galt ganz sicher für die Zeit, die sie nach der Flucht vor der väterlichen Gewalt auf den Straßen Nürnbergs in selbstgewählter Obdachlosigkeit überlebte. Das galt aber auch für die erste Ehe mit einem Deutschen, geschlossen aus der tiefen Sehnsucht heraus, eine deutsche Hausfrau zu sein und also endlich dazuzugehören. Und es galt für die zweite Ehe mit dem Schriftsteller Wolfgang Hilbig.

Aus all diesen biografischen Bruchstücken fügt sich das Werk von Natascha Wodin zusammen. Das Autobiografische ist dabei immer eng mit dem Historischen verschränkt. So persönlich und einzigartig all diese Gefährdungen auch sind: Die Gewalt, die sich in ihrem Leben und in dem ihrer Eltern äußert, ist ein Teil der Gewalterfahrung des 20. Jahrhunderts. Das macht die Romane Natascha Wodins so außergewöhnlich und so erschütternd.

Displaced, deplatziert, am falschen Ort. Immer wieder. Das ist die Ausgangslage ihres Schreibens, mit dem sie von Anfang an ihr ganzes Leben in die Wagschale der Literatur geworfen hat. Immer wieder kehrte sie mit ihren Romanen in die Zeit der Kindheit und Jugend und größten Fremdheit zurück, zuletzt in dem mit dem Preis der Leipziger Buchmesse ausgezeichneten Mutterbuch »Sie kam aus Mariupol« und in dem daran anschließenden Roman über das Schicksal des Vaters, »Irgendwo in diesem Dunkel«. »Längst war der Ort, wo ich den größten Teil meiner Kindheit und Jugend verbracht hatte, ein innerer Ort für mich geworden, der kaum noch Ähnlichkeiten hatte mit der Realität, die ich jetzt durchs Autofenster sah«, heißt es da gleich zu Beginn, wo die Erzählerin an einem verregneten Dezembertag durch die abweisende fränkische Mittelgebirgslandschaft fährt, dem Herkunftsort entgegen.

Es scheint so, als müsse Natascha Wodin die traumatischen Erfahrungen ihres Lebens immer wieder erinnern, wiederholen und durcharbeiten wie in der Psychoanalyse. Wer sich auf die Lektüre ihrer Bücher einlässt, wird mit den Schattenseiten der menschlichen Existenz und der Geschichte konfrontiert. Das lassen schon Titel wie »Nachtgeschwister« oder eben »Irgendwo in diesem Dunkel« ahnen. Natascha Wodin, selbst ein Nachtmensch, der abends zu arbeiten beginnt, ist auf Nacht spezialisiert.

In keiner der beiden Sprachen und weder im Westen noch im Osten wirklich beheimatet zu sein, ist die grundlegende und unüberwindliche Erfahrung ihres Lebens gewesen, die auch ihr literarisches, von Anfang an deutschsprachiges Werk durchzieht. Auch dann, wenn die beiden Sprachen in ihr eine friedliche Koexistenz führten, waren die Welten, in denen diese Sprachen gesprochen werden, getrennt. So hat der Vater auf Deutsch nie mehr zu sagen gelernt als »brauche« oder »brauche nix«. Mehr hatte er seiner deutschen Umgebung sein Leben lang nicht mitzuteilen. Die Grenze, die zwischen den Sprachwelten verläuft, ist eine andauernde Herausforderung. Sie zu überwinden ist der Antrieb eines Schreibens, das die Fremdheit thematisiert und in immer neuen Anläufen zu überschreiten versucht: Fremdheit als existenzielles, subjektives Gefühl ebenso wie als frühe Erfahrung einer abweisenden, geschlossenen, feindseligen Gesellschaft.

Vermutlich gab es nichts Unpassenderes, als nach 1945 ausgerechnet als Russin ausgerechnet in Deutschland aufzuwachsen, wo alles Russische als feindlich empfunden wurde und als störende Erinnerung an Nationalsozialismus und Kriegsverbrechen – die eigenen und die erlittenen – ausgegrenzt wurde. Erst im Schreiben kann diese Fremdheit überwunden werden, indem sie Thema werden darf. Aber zunächst ist da diese Grenze. Und wo eine Grenze ist, da sind auch Grenzwächter.

Sinnbildlich dafür ist jener Fabrikbesitzer, der den russischen Displaced Persons 1945 in einem mit Alteisen vollgestellten Schuppen auf seinem Gelände am Rande Nürnbergs Unterschlupf gewährte und sie mit dem Nötigsten versorgte. Von seinem guten Willen abhängig zu sein, war auf jeden Fall besser, als wieder in ein Lager zu müssen. Fünf Jahre lang, in denen die Mutter in ständiger Angst lebte, wurde dieser Schuppen zur Bleibe und zur ersten Heimat für das kleine Mädchen, das im Dezember 1945 zur Welt kam. Im Schuppen gab es weder Strom noch Wasser. Wasser gab es nur im Bahnwärterhäuschen auf der anderen Seite des Fabrikhofs. Doch dort wohnte ein alter Nazi, ein Russenhasser, der den Flüchtlingen nur deshalb den Zugang zum Wasserhahn nicht verweigerte, weil er die Autorität des Fabrikbesitzers respektierte. Aber die Mutter wusste nie, ob sie auch am nächsten Tag noch einmal würde Wasser holen dürfen.

»Die Grenze zwischen der westlichen und der östlichen Welt war durch mein ganzes Leben verlaufen«, heißt es in Natascha Wodins neuem Roman »Nastjas Tränen«. »Diese Grenze hatte sich so tief in mein Inneres eingeprägt, dass ihr Verschwinden in der äußeren Welt für mich nicht fassbar wurde.« Dennoch ist es spätestens seit 1989 nicht mehr so klar, auf welche Seite dieser Grenze Natascha Wodin eigentlich gehört. Im Verhältnis zu dieser Nastja, die aus der Ukraine stammt, einer Bauingenieurin, die nun in Berlin ihr Dasein als Putzfrau bestreiten muss und keinen Zugang zur deutschen Gesellschaft und Sprache findet, ist sie die Westlerin, die Deutsche. Und auch in der Ehe mit dem Dichter Wolfgang Hilbig, der aus dem sächsischen Braunkohletagebaugebiet stammte, war sie die Frau aus dem Westen, bei der er Halt und Sicherheit suchte.

In dem Roman »Nachtgeschwister«, in dem es um dieses Eheverhältnis der westdeutschen Schriftstellerin mit dem ostdeutschen Dichter geht, findet sich dieser Satz: »Mit dem Fall der Mauer war für mich das letzte Stück jener Grenze verschwunden, die durch mein ganzes Leben verlaufen war, durch meine Gedanken, meine Gefühle, durch meine Nerven und Zellen, eine Grenze, die, ohne dass ich es bemerkt hatte, meine Identität geworden war, so etwas wie meine Heimat.« Diese ins Innere verlegte Grenze aber existiert weiter. Das ist eben keine politische Grenze, die Zutritt erlaubt oder verweigert, sondern das Trennende schlechthin. Sie bleibt als etwas bestehen, das sich in den Leib eingeschrieben hat. Die Grenze als Aufenthaltsort, als Identität, als Heimat. Diese Grenze kann nicht verschwinden.

Als Natascha Wodin in den 1980er Jahren ihre ersten Bücher veröffentlichte, war Fremdheit womöglich noch ein Makel und innerhalb der Literatur nicht mehr als ein Nischenphänomen. Um publizieren zu können, musste sie ihren Namen Natalja Nikolajewna Wdowina ändern, der Rowohlt Verlag fand, er sei der deutschen Leserschaft nicht zumutbar. Seither heißt sie Natascha Wodin und sagte einmal über sich: »Ich trage diesen Namen wie einen Buckel.«

Die deutschsprachige Gegenwartsliteratur war damals vor allem Deutsch und wurde von Migrantinnen und Migranten allenfalls ergänzt. Das hat sich inzwischen gründlich geändert. Migrationserfahrungen gehören heute fast schon zum guten Ton und Autorinnen und Autoren mit sogenanntem Migrationshintergrund – von Terézia Mora bis zu Saša Stanišić – zu den wichtigsten deutschsprachigen Schriftstellerinnen und Schriftstellern der Gegenwart. Mit ihnen sind Herkunft, Zugehörigkeit, Identität und Sprache zu prägenden Themen geworden. Das hat auch die Rezeption der Werke von Natascha Wodin verändert. Ohne dass sich ihr Schreiben und ihre Themen verändert hätten, ist sie vom Rand ins Zentrum des Literaturbetriebs geraten. Fremdheit ist zu einer positiven inhaltlichen Bestimmung geworden. Zuwanderung gilt als sprachliche und kulturelle Bereicherung. Ja, auf eine seltsame, dialektisch verdrehte Weise hat sich Fremdheit innerhalb der Literatur in ein Kriterium der Zugehörigkeit verwandelt.

Was heißt das aber für eine Autorin, deren Leben und Schreiben entlang einer Grenze verlaufen ist und die von sich sagt, die Grenze sei zu ihrer Identität, zu ihrer Heimat geworden? Es heißt, dass sie sich selbst und ihrer Leserschaft zumutet, den Blick auf all das zu richten, was jenseits der Grenze liegt und was sie von dort an Erfahrungen und Erinnerungen mitbringt. Sie zeigt uns die Grenzbereiche der Existenz, die ihre Heimat sind. Mit ihr überschreiten wir die Grenze, die zwischen der Komfortzone der Behaglichkeit und dem Unerträglichen verläuft. Die Grenze, die das Beheimatetsein des Menschen in der Welt vom Abgrund des Unmenschlichen trennt.

Die Schriftstellerin Natascha Wodin hat ihren Beobachtungsposten exakt auf dieser Trennlinie bezogen. Das heißt, sie ist eine Kundschafterin des menschlich Möglichen und Unmöglichen. Mit einer schier grenzenlosen Klarheit, Nüchternheit und Unerschrockenheit blickt sie in die Bezirke des Daseins, vor denen viele Menschen die Augen verschließen möchten. Sie ist eine unbestechliche Berichterstatterin, eine Art Kassandra, die uns nicht die Zukunft, sondern die Vergangenheit offenbart und dabei vor keinem Schrecken zurückschreckt. Das gilt für ihr eigenes Leben, für Eheverhältnisse, männliche Gewalt und die Nöte des Schreibens ebenso wie für Kriege und NS-Verbrechen oder die Auswüchse der russischen Revolution, die in »Sie kam aus Mariupol« in einer Genauigkeit und haarsträubenden Drastik beschrieben werden, die ihresgleichen sucht.

Auf jedes Entsetzen folgt ein noch schlimmeres Entsetzen, hinter jedem Abgrund öffnet sich ein noch tieferer. So erzählt sie im neuen Roman »Nastjas Tränen« in einer kleinen Passage nebenbei von den Ereignissen in Babyn Jar, einer romantischen, tiefen Schlucht bei Kyjiw, in der die deutschen Besatzer am 29. und 30. September 1941 36000 Juden, Zigeuner und Kriegsgefangene ermordeten. Deren Leichen mussten KZ-Häftlinge wenig später wieder ausgraben, um sie zu verbrennen. Und weiter, ich zitiere aus »Nastjas Tränen«: »Die Rückstände, verkohlte Knochen, mussten die über dreihundert Häftlinge in mehreren Arbeitsgängen zerstampfen und zusammen mit der Asche mit Sand vermischen. Nach getaner Arbeit wurden sie als Mitwisser erschossen. In den folgenden Jahren wurden in dieser Schlucht nach und nach noch weitere hundert- bis hundertfünfzigtausend Menschen von den Nazis ermordet, vor allem Juden.« Doch auch damit noch lange nicht genug. Natascha Wodin berichtet weiter. Die Schlucht der Toten wurde nach dem Krieg als Sammelbecken für Industrieabfälle genutzt. Neun Jahre lang wurde sie mit stinkender Schlacke befüllt, bis im März

1961 ein Damm brach und sich die ganze Schlammlawine aus Giftmüll und der Asche der Toten in die Stadt ergoss.

Im Schreiben, im Beschreiben, im Bewahren und Erinnern gibt es eben keine Grenze und keine Zurückhaltung. Natascha Wodin setzt sich im Schreiben über alle Rücksichten hinweg. Ihr Blick auf die Menschen ist das, was man so abgedroschen wie verniedlichend gerne »schonungslos« nennt. Schonungslos heißt aber im Blick auf die Menschen – seien es Mutter oder Vater oder, wie im jüngsten Buch die ukrainische Freundin Nastja – niemals herabwürdigend. Im Gegenteil. Die Menschen bekommen ihre Würde durch das, was sie aushalten und überstanden haben. An keiner Stelle entsteht das Gefühl, an einer Indiskretion teilzuhaben oder in eine voyeuristische Haltung hineingezwungen zu werden. Darin liegt eine hohe literarische Qualität.

Wodin ist eine Berichterstatterin von schmerzlicher Genauigkeit. Beschönigen liegt ihr nicht. Sie zeigt die Wirklichkeit so, wie sie ist. Darin besteht ihr literarisches Credo. Sie ist keine Erfinderin von Ereignissen, sondern eher eine Aufzeichnerin auch der eigenen Lebensgeschichte. Und doch nimmt das Erzählen seinen eigenen Verlauf, löst sich von den Vorgaben, ordnet und strukturiert das Erlebte. Wahrheit besteht auch bei Natascha Wodin nicht in buchstabengenauer Übereinstimmung von Literatur und Leben. Wenn sie Jahre später in ihren Büchern lese, hat sie einmal verraten, wisse sie oft selbst nicht mehr, was tatsächlich geschehen sei und was sie erfunden habe.

Seit ein paar Jahren gibt es dafür den Begriff »Autofiktion«, der genauer beschreibt, was da vor sich geht, als »Autobiografie«. Die Grenze, an und mit der Natascha Wodin existiert, verläuft quer durch dieses Wort. Diese Grenze trennt »Auto« und »Fiktion«, schmiedet damit aber, wie jede Grenze, das Getrennte zugleich zusammen. Denn nur zusammen, als Einheit, haben die Teile »Auto« und »Fiktion« Bestand. Erst wenn es erzählt wird, wird das Erlebte zu einem Leben und, indem es erzählbar geworden ist, von seiner bloßen Ereignishaftigkeit erlöst.

In »Nastjas Tränen« kommt die unglaubliche Bezeichnung »Fiktionsbescheinigung« vor. So etwas gibt es wirklich. Eine Fiktionsbescheinigung wird von der Ausländerbehörde ausgestellt; sie ist eine Art provisorische Aufenthaltsgenehmigung, die bis zu dem Tag gilt, an dem das Amt endgültig über das Bleiberecht entscheidet. Eine Fiktionsbescheinigung ist also ein nicht ganz wirkliches, aber doch amtliches Dokument. Vielleicht könnte man den Begriff der Bürokratie entwenden und ihn auf die Literatur übertragen. Dann könnten Autoren, wenn sie nach dem autobiografischen Gehalt ihrer Texte gefragt werden, ganz einfach die Fiktionsbescheinigung zücken, womit alle künstlichen Grenzziehungen zwischen »Auto« und »Fiktion« obsolet werden würden.

Grenzen sind immer nur dann schlecht, wenn sie undurchdringlich sind. Grenzen schaffen immer auch ein Jenseits, einen Sehnsuchtsort, der so lange existiert, wie er nicht oder nur schwer zu erreichen ist. Das christliche Paradies ist so ein Jenseits, das als verlorener Ort am Ursprung der Menschheit liegt und allenfalls nach dem Tod wieder erreichbar sein wird. Eine Grenze schafft, indem sie ein Jenseits ermöglicht, einen Raum der Hoffnung. Ingo Schulze hat einmal über diese irdische Transzendenz nachgedacht, wo der Westen aus östlicher Perspektive den Platz des Paradieses einnahm, das bestand, solange es unerreichbar war. Darüber schreibt auch Natascha Wodin in »Nastjas Tränen«, wenn sie über Nastja sagt: »Sie hatte gar nicht gewusst, wie tröstlich es für sie in der Ukraine gewesen war, daran glauben zu können, dass es eine bessere Welt gab als ihre eigene. Jetzt, da sie in der besseren Welt angekommen war, hatte sie diesen Trost verloren.«

So gesehen ist es tröstlich zu wissen, dass die Grenze für Natascha Wodin weiterexistiert, in ihr, leiblich, und also unüberschreitbar. Hinter all dem Schrecken, auf den sie starrt, wie Walter Benjamins Engel der Geschichte, den ein Sturm vom Paradies her in die Zukunft treibt, während er mit weit offenen Augen auf die Katastrophen der Menschheitsgeschichte zurückblickt, hinter all diesen Schrecknissen liegt wie ein fernes Licht die Hoffnung auf eine Menschlichkeit, die sich über alle Zerstörungen hinweg bewährt. Dieses Licht leuchtet auch in Natascha Wodins Nacht- und Dunkelheitsbüchern von jenseits der Grenze.

Der Roman »Nachtgeschwister« endete so: »Mir bleibt nichts anderes als zu warten. Nacht für Nacht das Warten auf die Worte, die Worte für das, was nicht sagbar ist, für das Rätsel meiner Geschichte.« Auch da befindet sie sich an einer Grenze. Es ist die Grenze zwischen der Sprache und dem, was in der Sprache nicht aufgehen will. Vermutlich handelt es sich dabei um die Grenze, an und mit der alle wirklichen Schriftstellerinnen und Schriftsteller leben und die sie immer weiter vor sich her, immer tiefer in die Bezirke der Sprachlosigkeit hineinschieben. Natascha Wodin gehört ganz sicher zu ihnen.

Bei dem vorliegenden Beitrag handelt es sich um die Laudatio zur Verleihung des Gisela-Elsner-Literaturpreises 2021 an Natascha Wodin.

Natascha Wodin – Auswahlbibliografie

Buchveröffentlichungen

»Die gläserne Stadt«, Roman, Reinbek 1983.
»Das Sprachverlies. Gedichte«, Düsseldorf 1987.
»Einmal lebt ich«, Roman, Frankfurt/M. 1989.
»Erfindung einer Liebe«, Roman, Leipzig 1993.
»Die Ehe«, Roman, Leipzig 1997.
»Das Singen der Fische«, Erzählungen, Heidelberg 2001. (Enthält: »Das Singen der Fische«, »Nachbarinnen«, »Mein unsterblicher Vater oder Die Schwäne«).
»Nachtgeschwister«, Roman, München 2009.
»Alter, fremdes Land«, Roman, Salzburg, Wien 2014.
»Sie kam aus Mariupol«, Reinbek 2017.
»Irgendwo in diesem Dunkel«, Roman, Reinbek 2018.
»Nastjas Tränen«, Roman, Hamburg 2021.
»Der Fluss und das Meer«, Erzählungen, Hamburg 2024. (Enthält: »Der Fluss und das Meer«, »Nachbarinnen«, »Notturno«, »Das Singen der Fische«, »Les Sables-d'Olonne«).

Herausgeberschaft

»Nadja. Briefe aus Rußland«, hg., übers. und eingeleitet von Natascha Wodin, Berlin 1984. (Darin Wodins Übersetzung der Gedichte von Anna Achmatowa, Alexander Blok und Marina Zwetajewa).
»Sergej. Griechisches Tagebuch«, hg. von Natascha Wodin, Albert Kapr und Roland Opitz, Frankfurt/M. 1993.

Veröffentlichungen in Anthologien

Natascha Wdowin: »Niemandsmensch«, in: Kurt Kreiler / Claudia Reinhardt / Peter Sloterdijk (Hg.): »In irrer Gesellschaft. Verständigungstexte über Psychotherapie und Psychiatrie«, Frankfurt/M. 1980, S. 59–91.
»Die gläserne Stadt«, in: Leonie Ossowski: »Mein Lesebuch«, Frankfurt/M. 1986, S. 57–72.
»Ursula«, in: Hanne Kulessa (Hg.): »Nenne mir deinen lieben Namen, den du mir so lang verborgen. Schriftsteller über Vornamen«, München, Zürich 1986, S. 311–313.
»Noch einmal lös ich«, in: Gerhard C. Krischker (Hg.): »Zeitenwechsel. Zeitgenössische Gedichte aus und über Franken«, Bamberg 1987, S. 158.
»Einmal lebt ich«, in: Heinz Felsbach / Siegbert Metelko (Hg.): »Klagenfurter Texte zum Ingeborg-Bachmann-Preis 1989«, München 1989, S. 162–173.
»Fünf Träume«, in: Helga Häsing / Ingeborg Mues (Hg.): »Vater und ich. Eine Anthologie«, Frankfurt/M. 1993, S. 203–207.
»4. Mai«, in: Michael Bauer / Sigfrid Gauch / Gabriele Weingartner (Hg.): »Fremd in unserer Mitte«, Rheinland-pfälzisches Jahrbuch für Literatur 1, Frankfurt/M. 1994, S. 133–136.
»Langwasser«, in: Steffen Radlmaier (Hg.): »Das Nürnberg-Lesebuch«, mit einem Nachwort von Hermann Glaser, Cadolzburg 1994, S. 197–200.
»Nachbarinnen«, in: Gerhard Wolf (Hg.): »Ein Text für C. W.«, Berlin 1994, S. 216–221.
»Tagebuch 1993«, in: Peter Böthing (Hg.): »Die Poesie hat immer recht. Gerhard Wolf, Autor, Herausgeber, Verleger: ein Almanach zum 70. Geburtstag«, Berlin 1998, S. 186–189.
»Andrej«, in: Ilija Trojanow (Hg.): »Döner in Walhalla. Texte aus der anderen deutschen Literatur«, Köln 2000, S. 115–124.
»Die roten Schuhe«, in: Robert Bosch Stiftung, Viele Kulturen – eine Sprache: »Hommage an Harald Weinrich«, zu seinem 75. Geburtstag von den Preisträgern und Preisträgerinnen des Adelbert-von-Chamisso-Preises der Robert Bosch Stiftung, Stuttgart 2002, S. 111–114.
»Das Singen der Fische«, in: »›Feuer, Lebenslust!‹ Erzählungen deutscher Einwanderer«, Stuttgart 2003, S. 232–259.
»Aufwachen in der Nacht«, in: »Glücklich geschieden. Das Buch zur Trennung«, ausgewählt von Günter Stolzenberger,

Frankfurt/M., Leipzig 2004, S. 113–116.
»Der Gottesbeweis«, in: Michael Buselmeier (Hg.): »Erinnerungen an Wolfgang Hilbig«, Heidelberg 2008, S. 13–24.
»Rote Nelken«, Dankrede, in: »Joseph-Breitbach-Preis 2022«, Mainz 2023, S. 31–37.

Veröffentlichungen in Zeitschriften

»Die Reise ans Meer«, in: »Sinn und Form« 2 (1992), S. 243–251.
»Die Schwäne oder Mein unsterblicher Vater«, in: »Neue Deutsche Literatur«, 47.5 (1999), S. 5–18.
»Das Singen der Fische«, in: »Neue Deutsche Literatur«, 49.3 (2001), S. 5–25.
»Vom Verschwinden Berliner Bilder 1993«, in: »Neue Deutsche Literatur«, 52.5 (2004), S. 57–66.
»Notturno«, in: »Sinn und Form« 6 (2010), S. 821–835.
»Das Ausland des Alters«, in »Sinn und Form« 6 (2011), S. 814–837.
»Ich war nie in Mariupol«, in »Sinn und Form« 5 (2015), S. 668–678.
Natascha Wodin / Tanja Walenski: »›Man kann den Abgrund nicht beschreiben, solange man sich darin befindet‹. Ein Gespräch über die Angst, das Unsagbare und Wörter als vorletzte Wahrheit«, in: »Sinn und Form« 6 (2023), S. 725–738.

Übersetzungen

Wenedikt Jerofejew: »Die Reise nach Petuschki. Ein Poem«, aus dem Russischen von Natascha Spitz, Zürich 1978.
Jewgenia Ginsburg: »Gratwanderung«, aus dem Russischen von Natascha Wodin u. a., München 1980.
Andrei Bitow: »Das Puschkinhaus. Roman«, übers. von Natascha Spitz-Wdowin und Sylvia List, Darmstadt 1983.
Natascha Medwedjewa: »Wir nennen es Liebe«, aus dem Russischen von Natascha Wodin, Frankfurt/M. 1990.
Wenedikt Jerofejew: »Die Reise nach Petuschki«. Live aufgenommen am 27. Januar 1998 im Literaturhaus Hamburg. Gelesen von Robert Gernhardt, Harry Rowohlt, Josef Bilous. Übersetzung: Natascha Spitz. Regie und Schnitt: Katarina Blarer und Peter Chaag. 4 CDs. Kein & Aber, Zürich 1998
Aleksandra Marinina: »Der Rest war Schweigen«, Roman, aus dem Russischen von Natascha Wodin, Berlin 1999.
Aleksandra Marinina: »Tod und ein bißchen Liebe«, Roman, Berlin 2000.
Aleksandra Marinina: »Mit verdeckten Karten«, Roman, Frankfurt/M. 2001.
Aleksandra Marinina: »Der Rest war Schweigen«, Roman, Frankfurt/M. 2001.
Alexandra Marinina: »Die Stunde des Henkers«, Roman, Frankfurt/M. 2001.
Alexandra Marinina: »Tod und ein bißchen Liebe«, Roman, Frankfurt/M. 2002.
Alexandra Marinina: »Im Antlitz des Todes«, Roman, Frankfurt/M. 2003.
Alexandra Marinina: »Der gestohlene Traum«, Roman, Berlin 2003.
Pawel Sanajew: »Begrabt mich hinter der Fussleiste«, Roman, übersetzt von Natascha Wodin München 2007.

Sekundärliteratur

Die Auswahl der Sekundärliteratur umfasst Monografien, wissenschaftliche Beiträge und Essays. Angaben zu Buchbesprechungen, Porträts, Gesprächen, Laudationes u. a. finden sich etwa in der Bibliografie des KLG-Artikels »Natascha Wodin«: www.KLG-Lexikon.de.

Blum-Barth, Natalia: »Deutsch-russische Literatur. Ein Überblick«, in: »Jahrbuch für Internationale Germanistik«, 50.1 (2018), S. 181–195.
Blum-Barth, Natalia: »›Denkfiguren‹ und Grenzanalysen in der deutsch-russischen Literatur«, in: »NuBE. Nuova Biblioteca Europea«, 1 (2020), S. 157–179.
Blum-Barth, Natalia: »Intermedialität und Migration. Zur Einwirkung der Musik auf die Literatur aus der Perspektive der Mehrsprachigkeit«, in: Gabriella Pelloni / Ievgeniia Voloshchuk (Hg.): »Sprachwechsel – Perspektivenwechsel? Mehrsprachigkeit und kulturelle Vielstimmigkeit in der deutschsprachigen Gegenwartsliteratur«, Bielefeld 2023, S. 107–128.
Blum-Barth, Natalia: »Wende als Zäsur. Die Literarisierung der Zeitgeschichte im Roman ›Nastjas Tränen‹ (2021) von Natascha Wodin«, in: Miłosława Borzy-

szkowska-Szewczyk / Eliza Szymańska: »Nachbeben einer Zäsur in der interkulturellen Literatur und Kulturpraxis. Formationserlebnisse einer Umbruchsgeneration«, Göttingen 2023, S. 71–86.

Calero Valera, Ana R.: »Tras las huellas de una madre: Sie kam aus Mariupol de Natascha Wodin«, in: Martín Martín / Juan Manuel (Hg.): »Memoria traumática: visiones femeninas de guerra y posguerra«, Madrid 2020, S. 147–160.

Chauhan, Shivani: »Reading Photographic Images and Identifying Mnemonic Threads of the Post-Memorial Project in ›Sie kam aus Mariupol‹ (2017) by Natascha Wodin«, in: Jenny Watson / Michel Mallet / Hanna Schumacher (Hg.): »Edinburgh German Yearbook 15: Tracing German Visions of Eastern Europe in the Twentieth Century«, 2022, S. 242–261.

Eigler, Friederike. »Lücken im kollektiven und kommunikativen Gedächtnis. Zur Thematisierung von Zwangsarbeit in Natascha Wodins ›Sie kam aus Mariupol‹ (2017)«, in: Laura Auteri (Hg.): Wege der Germanistik in transkultureller Perspektive. Akten des XIV. Kongresses der Internationalen Vereinigung für Germanistik, Bd. 2 (Jahrbuch für Internationale Germanistik – Beihefte), Bern u.a. 2022, S. 545–552.

Eigler, Friederike: »Unsettling German Memory Culture: The Role of Archives in Natascha Wodin's ›Sie kam aus Mariupol‹«, in: »Seminar. A Journal of Germanic Studies«, 59.3 (2023), S. 221–240.

Gisbertz, Anna-Katharina: »Die Geschichte und ihre Schatten. Neuere Generationserzählungen reflektieren eine vielschichtige Vergangenheit«, in: »Convivium. Germanistisches Jahrbuch Polen«, 2020, S. 63–72.

Gisbertz, Anna-Katharina: »Familienverflechtungen. Im Gespräch mit Natascha Wodin«, in: »Convivium. Germanistisches Jahrbuch Polen«, 2020, S. 109–120.

Hausbacher, Eva: »Darstellungen von Arbeit im Kontext migrantischer Kindheit. Zeitgenössische Prosa deutsch-russischer AutorInnen«, in: Caroline Roeder / Christine Lötscher (Hg.): »Das ganze Leben – Repräsentationen von Arbeit in Texten über Kindheit und Jugend«, Berlin, Heidelberg 2022, S. 287–300.

Heidemann, Gudrun: »Eingeblendete NS-Opfernarrative: Generationsübergreifende Latenz-Effekte in Literatur (Rymkiewicz, Wodin) und Comic (Hoven)«, in: Eva Binder / Christof Diem / Miriam Finkelstein / Sieglinde Klettenhammer / Birgit Mertz-Baumgartner / Marijana Milošević / Julia Pröll (Hg.): »Opfernarrative in transnationalen Kontexten«, Berlin, Boston 2020, S. 21–48.

Hoge, Boris: »›Ich war mein eigener Nazi‹ – Natascha Wodins Romanwerk und die Problematik des Rassismus«, in: Ders. (Hg.): »Schreiben über Russland. Die Konstruktion von Raum, Geschichte und kultureller Identität in deutschen Erzähltexten seit 1989« (Beiträge zur neueren Literaturgeschichte 314), Heidelberg 2012, S. 305–346.

Isterheld, Nora: »Die Russen sind wieder da! Wie russischstämmige AutorInnen den deutschsprachigen Literaturbetrieb erobern«, in: Matthias Aumüller / Weertje Willms (Hg.): »Migration und Gegenwartsliteratur. Der Beitrag von Autorinnen und Autoren osteuropäischer Herkunft zur literarischen Kultur im deutschsprachigen Raum«, Paderborn 2020, S. 71–87.

Kleppne Likvern, Marte: »Identitäts- und Erinnerungsarbeit in Natascha Wodins ›Sie kam aus Mariupol‹ (2017) und ›Irgendwo in diesem Dunkel‹ (2018). Eine Analyse«, Masterarbeit 2022 (https://shorturl.at/bdhL7).

Laudenberg, Beata: »Aspekte der deutschsprachigen Migrantenliteratur, dargestellt an Yoko Tawadas Roman ›Ein Gast‹«, in: Dies. / Manfred Durzak (Hg.): »Literatur im interkulturellen Dialog«, Bern 2000, S. 130–143.

Lukas, Katarzyna: »Trauma und Migrationserfahrung in Julya Rabinowichs ›Spaltkopf‹ (2008) und Natascha Wodins ›Sie kam aus Mariupol‹ (2017) aus gesellschaftskritischer Perspektive«, in: Joanna Ławnikowska-Koper / Anna Majkiewicz (Hg.): »Literarisierung der Gesellschaft im Wandel. Koordinaten der Gegenwartsprosa«, Göttingen 2020, S. 181–200.

Martín, Adelaida Caro: »Nocturno: un relato de Natascha Wodin«, in; »Quimera: Revista de literatura«, 328 (2011), S. 47–55.

Masri, Jasmin: »The Space In-between: An Exploration of Cultural Identity in Selected Prose Works by Natascha Wodin, Franco Biondi and Rafik Schami«, Cambridge 2004.

Meyer, Anne-Rose: »Von Hunger, Schmerz und Sprache. Familiäre Gewalt in Romanen Margret Atwoods, Gisela Elsners, Natascha Wodins, Aglaja Veteranyis«, in: Mandy Dröscher-Teille / Till Nitschmann (Hg.): »Gewaltformen – Gewalt formen«, Paderborn 2021, S. 89–116.

Ortheil, Hanns-Josef: »Laudatio auf Natascha Wodin«, in: »Jahrbuch Bayerische Akademie der schönen Künste in München«, Bd. 2, Nr. 12, Schaftlach 1998, S. 683–690.

Perrone Capano, Lucia: »Remontagen der Geschichte(n) in Katja Petrowskajas ›Vielleicht Esther‹ und Natascha Wodins ›Sie kam aus Mariupol‹«, in: »Annali: Sezione germanica: nuova serie: XXVIII« 1/2, 2018, S. 233–249.

Perrone Capano, Lucia: »›In dem Ozean vergessener Opfer die Spur einer jungen Frau zu finden‹. Memorie transculturali in ›Sie kam aus Mariupol‹ di Natascha Wodin«, in: Gabriele Guerra / Camilla Miglio / Daniela Padularosa (Hg.): »East frontiers: nuove identità culturali nell'Europa centrale e orientale dopo la caduta del muro di Berlino«, Milano 2021, S. 124–136.

Perrone Capano, Lucia: »Tra Est e Ovest. Poetiche del movimento nell'opera di Natascha Wodin«, in: Daniela Allocca / Andrea F. De Carlo / Donatella Di Leo / Gabriella Sgambati (Hg.): »Forme dell'abitare / Forme del transitare. Adattamenti, traslazioni, contaminazioni linguistiche e letterarie in Europa centrale e orientale«, Rom 2022, S. 147–161.

Ruppert, Uta / Tanja Scheiterbauer: »›Über Nacht ist die dünne Haut der Zivilisation aufgeplatzt‹. Zur Re-Dichotomisierung der Weltverhältnisse«, in: »Femina Politica–Zeitschrift für feministische Politikwissenschaft«, 31.2 (2022), S. 115–120.

Schneider-Özbek, Katrin: »(Liebes)Kampf der Kulturen und wortgewaltige Verzauberung: Interkulturalität in den autobiographischen Romanen von Natascha Wodin und Ilma Rakusa«, in: »andererseits. Yearbook of Transatlantik German Studies«, 2.1 (2011), S. 171–184.

Stadler, Arnold: »Verletzung und Dazugehörigkeitsverlangen. Zu Natascha Wodin«, in: »Joseph-Breitbach-Preis 2022«, Mainz 2023, S. 21–30.

Stillmark, Hans-Christian: »Von den Schwierigkeiten ein Mann zu sein – Wolfgang Hilbigs Leben und Schreiben«, in: »Diyalog. Interkulturelle Zeitschrift für Germanistik«, 6.1 (2018), S. 32–44.

Suren, Katja: »›Am liebsten habe ich Geschichten mit Menschen, die essen oder gekocht werden‹. Zur vermeintlich einigenden Kraft des Essens bei Natascha Wodin und Aglaja Veteranyi«, in: Claudia Lillge / Anne-Rose Meyer (Hg.): »Interkulturelle Mahlzeiten. Kulinarische Begegnungen und Kommunikation in der Literatur«, Bielefeld 2008, S. 171–182.

Suren, Katja: »Ein Engel verkleidete sich als Engel und blieb unerkannt. Rhetoriken des Kindlichen bei Natascha Wodin, Herta Müller und Aglaja Veteranyi«, Sulzbach/Taunus 2011.

Thore, Petra: »›wer bist du hier in dieser stadt, in diesem land, in dieser neuen welt‹. Die Identitätsbalance in der Fremde in ausgewählten Werken der deutschsprachigen Migrantenliteratur« (Acta Universitatis Upsaliensis / Studia Germanistica Upsaliensia 45), Uppsala 2004.

Thore, Petra: »Brüchige Identitätskonstitutionen: Zu Wolfgang Hilbigs ›Provisorium‹ und Natascha Wodins ›Nachtgeschwister‹«, in: »Studia Neophilologica« 85.2 (2013), S. 196–201.

Treskow, Isabella von: »Fremdheitserfahrung und Fremdheitseffekte bei Natascha Wodin und Hélène Cixous«, in: Heribert Tommek / Christian Steltz (Hg.): »Vom Ich erzählen. Identitätsnarrative in der Literatur des 20. Jahrhunderts«, Frankfurt/M., Berlin, Bern u. a. 2016, S. 211–232.

Voloshchuk, Ievgeniia: »An der Grenze zwischen den Welten. (Re-)Konstruktion der verlorenen Heimat im Roman ›Sie kam aus Mariupol‹ von Natascha Wodin«, in: »NuBE. Nuova Biblioteca Europea«, 1 (2020), S. 9–28.

Walenski, Tanja: »Transkulturelles Erinnern in autobiographischen Familiengeschichten ›Sie kam aus Mariupol‹ (2017) von Natascha Wodin und ›Vielleicht Esther‹ (2014) von Katja Petrowskaja«, in:

Norman Ächtler / Anna Heidrich / José Fernández Pérez / Mike Porath (Hg.): »Generationalität, Gesellschaft, Geschichte. Schnittfelder in den deutschsprachigen Literatur- und Mediensystemen nach 1945. Festschrift für Carsten Gansel«, Berlin 2021, S. 463–488.

Weissmann, Dirk: »Von Özdamar zu Petrowskaja und weiter. Interkulturelle Literatur und Literaturpreise im deutschsprachigen Raum, unter besonderer Berücksichtigung des Ingeborg Bachmann-Preises«, in: »Études germaniques« 3 (2017), S. 337–352.

Willms, Weertje: »Zu einigen Gesetzmäßigkeiten des deutschen Literaturmarktes der Gegenwart am Beispiel von Olga Grjasnowa und Natascha Wodin«, in: Isabell Oberle / Dorine Schellens / Michaela Frey / Clara Braune / Diana Römer (Hg.): »Literaturkontakte. Kulturen – Medien – Märkte«, Berlin 2018 (Literaturwissenschaft 73), S. 165–201.

Willms, Weertje: »Natascha Wodin – autobiografisches Erinnern zwischen Russland, Ukraine, Sowjetunion und Deutschland«, in: »Acta Germanica«, 50/2022, S. 258–270.

Winters, Marion: »The Case of Natascha Wodin's Autobiographical Novels: A Corpus-Stylistics Approach«, in: Jean Boase-Beier / Lina Fischer / Hiroko Furukawa (Hg.): »The Palgrave Handbook of Literary Translation«, 2018, S. 145–166.

Natascha Wodin wurde als Natalja Nikolajewna Wdowina am 8.12.1945 in Fürth geboren. Ihre Eltern waren sowjetische Zwangsarbeiter, die aus Furcht vor stalinistischer Verfolgung nach Kriegsende in Deutschland blieben. Wodin wuchs in ärmlichen Nachkriegsverhältnissen auf: Nach fünf Jahren in einer notdürftigen illegalen Behausung und zwei Jahren in einem Lager für Displaced Persons siedelte ihre Familie 1952 in eine ghettoartige Siedlung am Stadtrand von Forchheim um.

Als Natascha Wodin elf Jahre alt war, fand ihre Mutter im Freitod die Erlösung vom Leben. Der Vater brachte sie und ihre jüngere Schwester in einem katholischen Mädchenheim in Bamberg unter und ging mit einem Kosakenchor auf Tournee. Nach fünf Jahren holte er die Kinder zu sich, Natascha litt unter der häuslichen Gewalt und flüchtete schließlich vor ihrem Vater in die Obdachlosigkeit.

Ohne schulischen Abschluss gelang es ihr, Tätigkeiten als Telefonistin und Stenotypistin aufzunehmen. Durch Kontakte mit der 68er-Bewegung interessierte sie sich zunehmend für die Sowjetunion. Sie qualifizierte sich zur Dolmetscherin für Russisch und reiste nach Abschluss der Ostverträge in den 1970er Jahren für westdeutsche Firmen und Kultureinrichtungen in die Sowjetunion. In den 1980er Jahren lebte sie in Moskau und lernte zahlreiche renommierte Schriftsteller:innen kennen. Ihre Übersetzertätigkeit umfasst unter anderem Übertragungen von russischer Lyrik und Romanen von Wenedikt Jerofejew, Jewgenia Ginsburg und Andrej Bitow. Seit 1981 lebt Wodin als freie Schriftstellerin. Ihre literarische Arbeit ist durch mehrere Aufenthaltsstipendien gefördert worden, so zum Beispiel 1988 für das Künstlerhaus Edenkoben, von Dezember 1990 bis November 1991 für die Akademie Schloss Solitude und 1992 für das Künstlerdorf Schöppingen. Seit 1994 lebt Wodin in Berlin und Mecklenburg. 1994–2002 war sie in zweiter Ehe mit dem Schriftsteller Wolfgang Hilbig verheiratet.

Neben dem Gedichtband »Das Sprachverlies« (1987) verfasste die Schriftstellerin und Übersetzerin Natascha Wodin hauptsächlich autobiografisch geprägte Prosatexte. Seit Beginn ihres literarischen Schaffens erscheinen ihre Werke in renommierten Verlagen und werden in prominente Anthologien der deutschen Gegenwartsliteratur aufgenommen.

Sie erhielt zahlreiche Auszeichnungen, u. a. den Hermann-Hesse-Preis (1984), den Brüder-Grimm-Preis der Stadt Hanau (1989 und 2009), den Andreas-Gryphius-Preis der Künstlergilde (1985), den Adelbert-von-Chamisso-Preis (1998), den Wolfram-von-Eschenbach-Preis (2005), die Ehrengabe der Deutschen Schillerstiftung Weimar (2006), den Alfred-Döblin-Preis (2015), den Preis der Leipziger Buchmesse und den August Graf von

Platen Literaturpreis (beide 2017), den Hilde-Domin-Preis für Literatur im Exil (2019), den Gisela-Elsner-Preis des Literaturhauses Nürnberg (2021) und den Joseph-Breitbach-Preis (2022).

*

Natalia Blum-Barth, PD Dr. phil.; Germanistin und Komparatistin. Seit 2022 arbeitet sie als wissenschaftliche Mitarbeiterin am Institut für Germanistik, Karlsruher Institut für Technologie (KIT). Zuletzt erschien: »Intermedialität und Migration. Zur Einwirkung der Musik auf die Literatur aus der Perspektive der Mehrsprachigkeit«, in: Gabriella Pelloni / Ievgeniia Voloshchuk (Hg.): »Sprachwechsel – Perspektivenwechsel? Mehrsprachigkeit und kulturelle Vielstimmigkeit in der deutschsprachigen Gegenwartsliteratur«, Bielefeld 2023.

Helmut Böttiger, Dr. phil.; Schriftsteller, Literaturkritiker und Essayist. Als Literaturkritiker ist er hauptsächlich für das Deutschlandradio, die »Süddeutsche Zeitung« und »Die Zeit« tätig. Böttiger hielt zahlreiche Laudationes, war 2013 Jurysprecher des Deutschen Buchpreises, ist berufenes Mitglied der Deutschen Akademie für Fußball-Kultur und betreute 2017 und 2018 als Jurymitglied die Auszeichnung »Fußballbuch des Jahres« beim Deutschen Fußball-Kulturpreis. Sein Buch »Die Gruppe 47. Als die deutsche Literatur Geschichte schrieb« (2012) erhielt 2013 den Preis der Leipziger Buchmesse in der Kategorie Sachbuch/Essayistik. Zahlreiche Publikationen zu Paul Celan und zur Geschichte der deutschen Gegenwartsliteratur.

Lucia Perrone Capano, Prof. Dr.; Lehrstuhl für Neuere deutsche Literatur an der Universität Foggia. Ihre Forschungsschwerpunkte sind Literatur der Goethezeit, moderne und zeitgenössische deutsche Literatur, Text-Bild-Beziehungen, Intermedialität, Exil- und Migrationsliteratur sowie Interkulturalität. Zuletzt erschien: »›Europa wird nur sein, wenn der Humanismus seine Männlichkeit entdeckt‹. Zum ›männlichen Humanismus‹ Thomas Manns« in: Claudia Öhlschläger / Isolde Schiffermüller / Lucia Perrone Capano / Arturo Larcati (Hg.): »Narrative des Humanismus in der Weimarer Republik und im Exil. Zur Aktualität einer kulturpolitischen Herausforderung für Europa«, Paderborn 2023.

Jörg Magenau studierte Philosophie und Germanistik; er ist freier Autor und Literaturkritiker für die »Süddeutsche Zeitung«, die »Frankfurter Allgemeine Zeitung«, den rbb, Deutschlandfunk und Deutschlandfunk Kultur. Von 2002 bis 2008 war er Kolumnist und redaktioneller Mitarbeiter der Zeitschrift »Das Magazin«, 2009 Redakteur der Literaturzeitschrift »Literaturen«. Magenau verfasste Monografien über Christa Wolf, Martin Walser, die Brüder Friedrich Georg und Ernst Jünger, das Doppelporträt Helmut Schmidt / Siegfried Lenz, die Geschichte der »taz«, die literarische Reportage »Princeton 66« sowie die aufschlussreiche Abhandlung »Bestseller. Bücher die wir liebten – und was sie über uns verraten«. Magenau wirkt in zahlreichen Jurys mit und betätigt sich als Moderator literarischer Veranstaltungen. 2019 war er Juror für den Deutschen Buchpreis und Sprecher der Jury. 2021 und 2023 erschienen die Romane »Die kanadische Nacht« und »Liebe und Revolution«.

Chrystyna Nazarkewytch, Dr. phil.; Germanistin, Übersetzerin und Übersetzungswissenschaftlerin. Sie ist Dozentin an der Nationalen Iwan-Franko-Universität und an der Ukrainischen Katholischen Universität Lwiw. Wissenschaftliche Schwerpunkte: Translationswissenschaft, Textanalyse, Stilistik, Literaturvermittlung u. a. 2022 war sie Literaturstipendiatin des Landes Steiermark. Nazarkewytsch schreibt regelmäßig Artikel über den seit Februar 2022 herrschenden Krieg Russlands in der Ukraine. Ins Ukrainische übersetzte sie u. a. Jenny Erpenbeck, Ralph Dutli, Ilma Rakusa, Natascha Wodin, Karl-Markus Gauß, Joseph Roth, Bodo Hell und Olga Flor.

Hans-Christian Trepte, Dr. emeritus (Institut für Slavistik, Universität Leipzig); Literaturwissenschaftler und Kulturhistoriker. Wissenschaftliche Schwerpunkte: Mitteleuropäische Literaturen und Kulturen, Exil- und (Post-)Migrationsliteratur, Sprach- und Codewechsel, literarische Übersetzung. Zuletzt erschienen: »Die zeitgenössische deutschsprachige Literatur zwischen Nachbeben und erneuten Eruptionen« und »Europa *redivivus*. Zwischen jagiellonischem Multikulturalismus und Habsburger-Mythos in der Literatur«, beide in: Mirosława Borzyszkowska-Szewczyk / Eliza Szymańska: »Nachbeben einer Zäsur in der interkulturellen Literatur und Kulturpraxis. Formationserlebnisse einer Umbruchsgeneration« (2023).

Bisher sind in der Reihe TEXT+KRITIK erschienen:

Günter Grass
(1) 7. Aufl., 138 Seiten

Hans Henny Jahnn
(2/3) vergriffen

Georg Trakl
(4/4a) 4. Aufl., 123 Seiten

Günter Eich
(5) vergriffen

Ingeborg Bachmann
(6) 5. Aufl., 207 Seiten

Andreas Gryphius
(7/8) 2. Aufl., 130 Seiten

Politische Lyrik
(9/9a) 3. Aufl., 111 Seiten

Hermann Hesse
(10/11) 2. Aufl., 132 Seiten

Robert Walser
(12/12a) 4. Aufl., 216 Seiten

Alfred Döblin
(13/14) 3. Aufl., 200 Seiten

Henry James
(15/16) vergriffen

Cesare Pavese
(17) vergriffen

Heinrich Heine
(18/19) 4. Aufl., 203 Seiten

Arno Schmidt
(20/20a) 4. Aufl., 221 Seiten

Robert Musil
(21/22) 3. Aufl., 179 Seiten

Nelly Sachs
(23) 3. Aufl., 126 Seiten

Peter Handke
(24) 6. Aufl., 141 Seiten

Konkrete Poesie I
(25) vergriffen

Lessing contra Goeze
(26/27) vergriffen

Elias Canetti
(28) 4. Aufl., 177 Seiten

Kurt Tucholsky
(29) 3. Aufl., 103 Seiten

Konkrete Poesie II
(30) vergriffen

Walter Benjamin
(31/32) 3. Aufl., 232 Seiten

Heinrich Böll
(33) 3. Aufl., 156 Seiten

Wolfgang Koeppen
(34) 2. Aufl., 112 Seiten

Kurt Schwitters
(35/36) vergriffen

Peter Weiss
(37) vergriffen

Anna Seghers
(38) vergriffen

Georg Lukács
(39/40) 90 Seiten

Martin Walser
(41/42) 3. Aufl., 156 Seiten

Thomas Bernhard
(43) 4. Aufl., 288 Seiten

Gottfried Benn
(44) 3. Aufl., 223 Seiten

Max von der Grün
(45) vergriffen

Christa Wolf
(46) 5. Aufl., 151 Seiten

Max Frisch
(47/48) 4. Aufl., 217 Seiten

H. M. Enzensberger
(49) 3. Aufl., 164 Seiten

Friedrich Dürrenmatt I
(50/51) 3. Aufl., 245 Seiten

Siegfried Lenz
(52) 2. Aufl., 136 Seiten

Paul Celan
(53/54) 3. Aufl., 185 Seiten

Volker Braun
(55) Neuf., 264 Seiten

Friedrich Dürrenmatt II
(56) vergriffen

Franz Xaver Kroetz
(57) vergriffen

Rolf Hochhuth
(58) 67 Seiten

Wolfgang Bauer
(59) 53 Seiten

Franz Mon
(60) 80 Seiten

Alfred Andersch
(61/62) vergriffen

Ital. Neorealismus
(63) vergriffen

Marieluise Fleißer
(64) 95 Seiten

Uwe Johnson
(65/66) 2. Aufl., 212 Seiten

Egon Erwin Kisch
(67) 63 Seiten

Siegfried Kracauer
(68) 90 Seiten

Helmut Heißenbüttel
(69/70) 126 Seiten

Rolf Dieter Brinkmann
(71) 102 Seiten

Hubert Fichte
(72) 118 Seiten

Heiner Müller
(73) 2. Aufl., 214 Seiten

Joh. Christian Günther
(74/75) 142 Seiten

Ernst Weiß
(76) 88 Seiten

Karl Krolow
(77) 95 Seiten

Walter Mehring
(78) 83 Seiten

Lion Feuchtwanger
(79/80) 148 Seiten

Bisher sind in der Reihe TEXT+KRITIK erschienen:

Botho Strauß
(81) 166 Seiten

Erich Arendt
(82/83) 155 Seiten

Friederike Mayröcker
(84) 98 Seiten

Alexander Kluge
(85/86) 155 Seiten

Carl Sternheim
(87) 112 Seiten

Dieter Wellershoff
(88) 116 Seiten

Wolfgang Hildesheimer
(89/90) 141 Seiten

Erich Fried
(91) 2. Aufl., 119 Seiten

Hans/Jean Arp
(92) 119 Seiten

Klaus Mann
(93/94) 141 Seiten

Carl Einstein
(95) vergriffen

Ernst Meister
(96) 98 Seiten

Peter Rühmkorf
(97) 94 Seiten

Herbert Marcuse
(98) 123 Seiten

Jean Améry
(99) 85 Seiten

Über Literaturkritik
(100) 112 Seiten

Sarah Kirsch
(101) 104 Seiten

B. Traven
(102) 100 Seiten

Rainer Werner Fassbinder
(103) 2. Aufl., 153 Seiten

Arnold Zweig
(104) 105 Seiten

Ernst Jünger
(105/106) 167 Seiten

Eckhard Henscheid
(107) vergriffen

MachtApparatLiteratur.
Literatur und ›Stalinismus‹
(108) 100 Seiten

Günter Kunert
(109) 95 Seiten

Paul Nizon
(110) 99 Seiten

Christoph Hein
(111) Neuf., 159 Seiten

Brigitte Kronauer
(112) 91 Seiten

Vom gegenwärtigen Zustand der deutschen Literatur
(113) vergriffen

Georg Christoph Lichtenberg
(114) 91 Seiten

Günther Anders
(115) 103 Seiten

Jurek Becker
(116) vergriffen

Elfriede Jelinek
(117) 3. Aufl., 127 Seiten

Karl Philipp Moritz
(118/119) 142 Seiten

Feinderklärung
Literatur und Staatssicherheitsdienst
(120) 117 Seiten

Arno Holz
(121) 129 Seiten

Else Lasker-Schüler
(122) 102 Seiten

Wolfgang Hilbig
(123) 99 Seiten

Literaten und Krieg
(124) 112 Seiten

Hans Joachim Schädlich
(125) 97 Seiten

Johann Gottfried Seume
(126) 116 Seiten

Günter de Bruyn
(127) 109 Seiten

Gerhard Roth
(128) 102 Seiten

Ernst Jandl
(129) 113 Seiten

Adolph Freiherr Knigge
(130) 107 Seiten

Frank Wedekind
(131/132) 185 Seiten

George Tabori
(133) 106 Seiten

Stefan Schütz
(134) 93 Seiten

Ludwig Harig
(135) 91 Seiten

Robert Gernhardt
(136) 121 Seiten

Peter Waterhouse
(137) 98 Seiten

Arthur Schnitzler
(138/139) 2. Aufl., 201 Seiten

Urs Widmer
(140) 94 Seiten

Hermann Lenz
(141) 104 Seiten

Gerhart Hauptmann
(142) 117 Seiten

Aktualität der Romantik
(143) 100 Seiten

Literatur und Holocaust
(144) 97 Seiten

Tankred Dorst
(145) 99 Seiten

J. M. R. Lenz
(146) 97 Seiten

Bisher sind in der Reihe TEXT+KRITIK erschienen:

Thomas Kling
(147) 122 Seiten

Joachim Ringelnatz
(148) 115 Seiten

Erich Maria Remarque
(149) 104 Seiten

Heimito von Doderer
(150) 113 Seiten

Johann Peter Hebel
(151) 109 Seiten

Digitale Literatur
(152) 137 Seiten

Durs Grünbein
(153) 93 Seiten

Barock
(154) 124 Seiten

Herta Müller
(155) 227 Seiten

Veza Canetti
(156) 111 Seiten

Peter Huchel
(157) 98 Seiten

W. G. Sebald
(158) 119 Seiten

Jürgen Becker
(159) 130 Seiten

Adalbert Stifter
(160) 115 Seiten

Ludwig Hohl
(161) 111 Seiten

Wilhelm Genazino
(162) 108 Seiten

H. G. Adler
(163) 115 Seiten

Marlene Streeruwitz
(164) 92 Seiten

Johannes Bobrowski
(165) 113 Seiten

Hannah Arendt
(166/167) 198 Seiten

Stefan George
(168) 124 Seiten

Walter Kempowski
(169) 107 Seiten

Nicolas Born
(170) 125 Seiten

Junge Lyrik
(171) 119 Seiten

Wilhelm Raabe
(172) 114 Seiten

Benutzte Lyrik
(173) 116 Seiten

Robert Schindel
(174) 100 Seiten

Ilse Aichinger
(175) 117 Seiten

Raoul Schrott
(176) 104 Seiten

Daniel Kehlmann
(177) 91 Seiten

Jeremias Gotthelf
(178/179) 149 Seiten

Juden.Bilder
(180) 126 Seiten

Georges-Arthur Goldschmidt
(181) 94 Seiten

Grete Weil
(182) 115 Seiten

Irmgard Keun
(183) 109 Seiten

Carlfriedrich Claus
(184) 141 Seiten

Hans Jürgen von der Wense
(185) 129 Seiten

Oskar Pastior
(186) 108 Seiten

Helmut Krausser
(187) 117 Seiten

Joseph Zoderer
(188) 100 Seiten

Reinhard Jirgl
(189) 107 Seiten

Rainald Goetz
(190) 117 Seiten

Yoko Tawada
(191/192) 171 Seiten

Ingo Schulze
(193) 100 Seiten

Thomas Brasch
(194) 101 Seiten

Uwe Timm
(195) 95 Seiten

Literatur und Hörbuch
(196) 101 Seiten

Friedrich Christian Delius
(197) 97 Seiten

Gerhard Falkner
(198) 102 Seiten

Peter Kurzeck
(199) 97 Seiten

Hans Fallada
(200) 109 Seiten

Ulrike Draesner
(201) 101 Seiten

Franz Fühmann
(202/203) 179 Seiten

Sibylle Lewitscharoff
(204) 104 Seiten

Ulrich Holbein
(205) 101 Seiten

Ernst Augustin
(206) 98 Seiten

Felicitas Hoppe
(207) 93 Seiten

Angela Krauß
(208) 105 Seiten

Kuno Raeber
(209) 106 Seiten

Jan Wagner
(210) 103 Seiten

Bisher sind in der Reihe TEXT+KRITIK erschienen:

Emine Sevgi Özdamar
(211) 99 Seiten

Christian Dietrich Grabbe
(212) 108 Seiten

Kurt Drawert
(213) 106 Seiten

Elke Erb
(214) 109 Seiten

Wolf Wondratschek
(215) 103 Seiten

Christian Kracht
(216) 104 Seiten

Navid Kermani
(217) 95 Seiten

Marcel Beyer
(218/219) 178 Seiten

Christoph Ransmayr
(220) 91 Seiten

Terézia Mora
(221) 100 Seiten

Michael Lentz
(222) 110 Seiten

Ernst Toller
(223) 123 Seiten

Sven Regener
(224) 95 Seiten

Sibylle Berg
(225) 104 Seiten

Ulrich Peltzer
(226) 99 Seiten

Lukas Bärfuss
(227) 93 Seiten

Gabriele Tergit
(228) 105 Seiten

Thomas Hürlimann
(229) 98 Seiten

Loriot
(230) 96 Seiten

Thomas Meinecke
(231) 105 Seiten

Wolfgang Welt
(232) 103 Seiten

Michael Kleeberg
(233) 102 Seiten

Robert Menasse
(234) 107 Seiten

Vicki Baum
(235) 96 Seiten

Alban Nikolai Herbst
(236) 93 Seiten

Juli Zeh
(237) 109 Seiten

Adolf Endler
(238) 93 Seiten

Mela Hartwig
(239) 89 Seiten

Gerhard Henschel
(240) 100 Seiten

Hans-Ulrich Treichel
(241) 102 Seiten

Natascha Wodin
(242) 95 Seiten

Sonderbände

Theodor W. Adorno
2. Aufl., 196 Seiten

Die andere Sprache. Neue DDR-Literatur der 80er Jahre
258 Seiten

Ansichten und Auskünfte zur deutschen Literatur nach 1945
189 Seiten

Ins Archiv, fürs Archiv, aus dem Archiv
194 Seiten

Aufbruch ins 20. Jahrhundert Über Avantgarden
312 Seiten

Außer der Reihe. Literatur zur Zeit
117 Seiten

Ingeborg Bachmann
vergriffen

Bestandsaufnahme Gegenwartsliteratur
vergriffen

Ernst Bloch
305 Seiten

Rudolf Borchardt
276 Seiten

Bertolt Brecht I
2. Aufl., 172 Seiten

Bertolt Brecht II
2. Aufl., 228 Seiten

Georg Büchner I/II
2. Aufl., 479 Seiten

Georg Büchner III
315 Seiten

Comics, Mangas, Graphic Novels
272 Seiten

DDR-Literatur der neunziger Jahre
218 Seiten

Digitale Literatur I
137 Seiten

Digitale Literatur II
216 Seiten

Theodor Fontane
3. Aufl., 224 Seiten

Gelesene Literatur
283 Seiten

Johann Wolfgang von Goethe
363 Seiten

Oskar Maria Graf
224 Seiten

Graphic Novels
330 Seiten

Grimmelshausen
285 Seiten

Die Gruppe 47
3. Aufl., 353 Seiten

Zeitschrift für

GERMANISTIK

Neue Folge • XXIV
1/2024

Peter Lang
Internationaler Verlag der Wissenschaften